# 互联网背景下的
# 股票市场风险传导研究

陈张杭健◎著

中国金融出版社

责任编辑：王雪珂
责任校对：潘　洁
责任印制：丁淮宾

**图书在版编目（CIP）数据**

互联网背景下的股票市场风险传导研究/陈张杭健著. —北京：
中国金融出版社，2023.6
ISBN 978 - 7 - 5220 - 1957 - 4

Ⅰ.①互… Ⅱ.①陈… Ⅲ.①互联网络—影响—股票市场—
风险性—研究 Ⅳ.①F830.91

中国版本图书馆 CIP 数据核字（2023）第 055931 号

互联网背景下的股票市场风险传导研究
HULIANWANG BEIJINGXIA DE GUPIAO SHICHANG FENGXIAN
CHUANDAO YANJIU

出版
　　　中国金融出版社
发行

社址　北京市丰台区益泽路 2 号
市场开发部　（010）66024766，63805472，63439533（传真）
网 上 书 店　www. cfph. cn
　　　　　　（010）66024766，63372837（传真）
读者服务部　（010）66070833，62568380
邮编　100071
经销　新华书店
印刷　北京九州迅驰传媒文化有限公司
尺寸　169 毫米 × 239 毫米
印张　12
字数　138 千
版次　2023 年 6 月第 1 版
印次　2023 年 6 月第 1 次印刷
定价　49.00 元
ISBN 978 - 7 - 5220 - 1957 - 4
如出现印装错误本社负责调换　联系电话（010）63263947

# 目　　录

# 第1章 绪 论

## 1.1 研究背景及意义

### 1.1.1 研究背景

    股票市场中的风险传导通常表现为股价波动的蔓延，即不同股票市场或上市公司的股价出现联动。近年来，中国股票市场系统性风险事件频发，股票间的风险传导速度不断加快。2020年初，受新冠疫情的影响，沪深两市年后第一个交易日集体暴跌，沪指跌8.7%，深成指跌9.13%，创业板指跌8.23%。2016年1月开始实施熔断机制，1月4日沪深300指数在13时12分第一次触及5%熔断线，随后恐慌在市场内迅速蔓延，恢复交易6分钟后又触及7%熔断线，沪深股市几乎全线跌停；1月7日沪市开盘不到半小时便遭遇大范围的恐慌性抛盘，相继触及两次熔断，致使股市提前休市。2015年下半年中国股市泡沫破裂，风险在股票间迅速扩散，6月15日至8月25日沪市千股以上跌停的交易日多达11天。类似事件还包括2000年互联网泡沫破裂、2008年美国次贷危机、2010年欧债危机等。

    股票市场风险传导问题一直以来不仅是学术界研究的热点问

题，也是业界关注的焦点，更是我国金融市场建设过程中的重点、难点和根本问题。2019年2月22日，习近平总书记在中共中央政治局第十三次集体学习时指出："防范化解金融风险特别是防止发生系统性金融风险，是金融工作的根本性任务。"股票市场风险传导问题的重要性，不仅体现在风险事件对证券市场健康、平稳发展的阻碍上，其对国家乃至全球金融市场的安全也存在威胁。因此，了解股票市场风险事件的传导过程，弄清风险发生、扩散和蔓延整个过程的演变，对于认识复杂金融系统的风险演化规律、提出防范金融风险的措施具有重要的意义。

近年来，随着计算机和互联网通信技术的快速发展，人们获取信息的来源及信息交流的途径和方式有了极大的扩充和提升，对风险事件的反应以及风险事件的传播速度大大加快（Muchnik等，2013；Trinkle等，2015；Ackert等，2016），互联网背景下股票市场的风险传导已经发生深刻的变化（Agarwal等，2019）。2015年12月10日，"复星集团董事长郭广昌被警察带走"的消息在社交媒体上扩散，次日复星系控股、参股公司的股价几乎全线下跌。2016年2月24日13点21分，一则关于"创业板全面停止审核"的虚假信息在新浪微博发布并扩散后，直接导致第二天沪深两市现千股跌停。监管机构对此类事件也越发重视，并出台了一系列的政策法规以规范互联网信息传播秩序，包括《证券法》第七十八条、《互联网跟帖评论服务管理规定》和《互联网论坛社区服务管理规定》等。风险事件发生过程的深刻变化和监管机构的高度重视，表明互联网背景下的风险传导研究已迫在眉睫。

近年来，互联网信息的相关研究主要集中在对股票价格的影响上，人们才开始关注其对股票间风险传导的影响，尤其是从微观个体信息交互的角度出发，还具有较大的发展空间。在互联网信息对股价的影响方面，Hubrman 等（2001）在金融类顶尖期刊 *Journal of Finance* 撰文表明虚假消息对股价具有显著影响，且社交媒体上的公司特质性信息会降低股价同步性（胡军等，2015）。在互联网信息扩散对风险传导的影响方面，有学者利用微博等社交媒体数据研究股票市场，并发现互联网信息对股价关联有显著影响（刘海飞等，2017）。类似研究均表明，社交媒体为以前无法共享信息的市场参与者提供了发布信息和交互信息的渠道，这可能是股票间风险传导的重要原因。因此，必须准确认识投资者在社交媒体环境下的信息交互规律，才能够深入了解股市风险传导的起因和发展过程并有效阻断风险进一步扩大恶化。

中国证券市场以个体参与者居多，具有金融素养结构参差不齐、风险防范意识薄弱等特点，尤其在互联网时代下，关于个股的风险事件或谣言等极易通过互联网"发酵"，引发中小参与者的"羊群行为"（Chang 等，2000；Teng，2018），从而扩大风险事件的影响范围，且此类事件越发频繁，并引起监管机构的高度重视。学术界主要从异质信息或机构持股等上市公司所嵌入的社会关系角度，探究风险传导的影响因素，实际上，社交媒体中的个体信息交互在风险事件的扩散过程中也起到了极其重要的作用，但是由于数据来源、研究方法和技术手段等限制，基于微观层面的个体信息交互对金融风险的影响研究还很匮乏，但鉴于信息交互研究对风险传导的重要意义，开展相关研究已显得十分必要。

在互联网时代下，股票市场的风险传导研究面临一系列的新问题。例如，在网络社交媒体快速发展的情况下，个体扮演着证券市场参与者和社交媒体使用者双重角色，那么个体在社交媒体上的信息交互和市场中的风险传导有何关联？不同类型信息在社交媒体上的扩散，对股市风险传导的影响差异是什么？在投资者结构差异较大的成熟市场和新兴市场中，个体投资者间的信息交互和机构投资者间的信息扩散在不同市场上对风险传导的影响是否存在差异？在互联网时代，个体信息交互影响风险传导的渠道和微观机制是什么？对监管者而言，如何做好新形势下的风险防范和管理？诸如此类的问题都迫切需要解决。目前，证券市场和网络社交媒体堆积了大量的日内高频数据，加之计算机运算处理能力的提高，为互联网时代下的股市风险研究创造了新的契机，采用金融大数据开展更精准的风险传导研究已具备相应条件。

## 1.1.2 研究意义

本书基于互联网背景，围绕股票市场的风险传导问题，从个体在社交媒体上的信息交互行为和信息扩散角度探索股价联动的影响因素，并探究不同类型的信息对股价联动的影响差异。进一步地，将机构投资者引起的股票信息扩散纳入研究框架，探讨在具有不同投资者结构的市场中，个体和机构引起的信息扩散对股价联动的影响差异，并从投资者交易行为的角度出发，揭示信息扩散影响股票市场风险传导的渠道。基于上述实证研究结论，构建具有共同关注和信息交互特征的多人多资产少数者博弈模型，揭示信息扩散影响股票市场风险传导的微观机制。

对以上这些问题的研究具有如下重要的科学意义：

（1）基于社交媒体上个体信息交互的研究，揭示了互联网平台的发展给投资者带来的信息交互、资源交换的便利，阐述了这种便利如何促进了不同类型信息在不同股票间的扩散，并最终通过交易影响资本市场，研究成果将补充和丰富人们对于互联网时代下金融复杂系统风险演化规律的科学认识，加深对当前股票市场风险传导成因与微观机制的理解。

（2）基于不同投资者结构市场下的比较分析，对管理层针对不同市场特点，给出针对性的股票市场风险管理措施，有一定的借鉴意义；基于投资者交易行为的探究，有助于投资者理解股票市场风险传导过程和机理，对提高投资者信息筛选、信息甄别能力具有重要实践意义，对投资者投资决策、投资组合管理和风险控制具有实际参考价值。

（3）本书基于个体在社交媒体上的共同关注和信息交互行为构造的多人多资产少数者博弈模型，将为计算实验学领域提供性能更好的模型与实验手段，并且利用该人工股票市场平台模拟仿真，能为我国股票市场的风险预测、风险监控、风险干预、危机恢复提供有效管理手段，并为我国股票市场健康、平稳发展提供科学理论，对监管层加强股票市场风险管理有一定的借鉴意义。

（4）本书研究过程中针对金融大数据提出的数据收集、处理方法，或将为基于大数据的社会经济系统研究提供可行的技术途径，有助于推动计算机科学和社会经济学等多学科的交叉融合与发展。

## 1.2　研究内容及框架

### 1.2.1　本书研究内容

（1）股吧个体信息交互对股价联动关系的影响研究。

个体信息交互对个股信息扩散的影响。利用股吧数据构建个体信息交互与个股信息扩散两层网络，通过拓扑结构的特征对比研究个体信息交互对个股信息扩散的影响。根据个体在股吧中的转帖或回帖等关系，构建个体信息交互网络，据个体间的信息交互内容以及不同股吧中公共个体的行为，通过个体与个股的直接（发帖）和间接（回帖或转帖）联系链接不同个股，形成个股信息扩散网络，探究个体享有的信息源个数的分布特征。通过对比两层网络的拓扑结构指标及其动力学演化规律，研究信息交互对信息扩散的影响。

个股信息扩散对风险传导的影响。基于上述个股信息扩散网络，通过拓扑结构对比分析和计量模型回归等研究个股扩散对风险传导的影响：根据相关性分析得到的相关系数矩阵，以个股为网络节点、个股间的相关系数作为边的权重，采用分层聚类（MST、PMFG）的方法构建上市公司之间的股票相关性网络，直观地刻画个股之间的相关关系；对比上述个股信息扩散网络与股票相关性网络的拓扑特征，包括对比分析两层网络的节点度、节点介数、网络的最短路径长度及各自的分布特征和节点度的相关性、网络的平均路径长度、网络密度和聚类系数分析等，研究个股信息扩散与股票相关性网络的一致性；以基于个体信息交互的个股链接关系矩阵为自变量，以个股收益率或波动率序列的相关系数矩阵为因变量，采用以重新抽样为基础的非参数检验分析方法（QAP，二次指派程序）对两者进行回归，研究个股信息扩散对风险传导的影响。

（2）股吧异质性信息扩散对股价联动的影响及其机制研究。

采用东方财富网股吧用户数据，通过人工标注加机器学习的方法，将股吧信息分为公司特质信息和市场行业信息。通过考察两类异质性信息的扩散对个体投资者交易行为和股价联动的影响，发现相较于市场行业信息，公司特质信息的扩散更容易导致个体投资者的趋同交易和股票价格的过度联动。在此基础上，通过进一步探究交易行为对股价联动的影响，发现中国市场上个体投资者的趋同交易同样会引起股票价格间的联动现象。最后，中介效应检验的结果表明，在股吧异质性信息扩散影响股价联动的过程中，个体投资者的交易行为能够起到中介作用。

（3）个体与机构投资者信息扩散对股价联动的影响差异分析与影响渠道检验。

影响差异分析。利用股吧数据和机构投资者持股数据，构建个体和机构投资者信息扩散指标，分析不同市场下两者对股价联动的影响。首先，针对中美股票市场的投资者结构差异进行比较分析；其次，采用股吧间共同活跃用户产生的信息流量度量个体投资者的信息扩散，以持股关系作为机构投资者信息扩散的代理指标，分析在投资者结构存在较大差异的情况下，两类投资者的信息扩散对股价联动的影响是否存在较大差异；最后，在考虑中美市场投资者"羊群效应"差异可能对上述研究结论产生的影响后，进一步探究了不同类型投资者引起的信息扩散对股价联动的影响。

影响渠道检验。从投资者交易行为的角度，分析信息扩散影响股价联动的渠道。首先，以股票间订单不平衡程度的相关性，度量投资者行为的一致性，并将其作为中介变量，采用三步回归法，探究投资者行为对信息扩散影响股价联动的中介作用，分析信息扩散是否能够通过影响投资者行为进而导致股价联动，并深入研究在具有不同投资者结构的市场下，不同类型投资者行为的中介作用是否存在差异；其次，进一步采用机构投资者之间的地理距离作为代理指标，对上述研究结论进行了再次验证；再次，考虑到信息在不同股吧间的扩散速度存在差异，本书进一步考察了股票价格序列间的联动性是否存在"领先—滞后"效应；最后，本书考察了个体投资者和机构投资者引起的信息扩散，对股价联动的预测能力。

(4) 互联网信息扩散影响股价联动的微观机制。

计算实验 MG 模型的构建。以标准 MG 模型为基础，设计在给定初始禀赋条件下基于市场信息和个体信息交互的多人多资产交易模型。基于股票价格序列的一阶自回归系数，制定主体对股票历史价格的反应；基于个体在不同股吧间的活跃情况，设定主体对公开市场若干信息源（关注股票）的选取规则，模拟主体对公开市场信息的适应性行为和对不同股票的共同关注行为；基于个体在股吧中的信息交互行为，制定主体间的信息交互概率，模拟主体对社交网络信息的处理行为；设定不同"羊群行为"程度，模拟主体在不同市场情况下，信息交互网络拓扑结构的改变；基于上述模型设定，进行仿真模拟，得到多资产的模拟价格序列，探究主体对不同股票的共同关注行为和主体间的信息交互行为，对股价联动的影响。

计算实验 MG 模型的校准与预测。基于股票实际价格序列的相关性，对仿真模拟得到的序列进行筛选；根据股票市场的实际情况，如投资者同时关注的股票数量、同行业股票间的联动性更高、股票价格序列的正关联和负关联形成原因的差异等特征，对模型参数进行修正。同时，基于上述计算实验 MG 模型，对股价联动进行预测。

## 1.2.2 本书研究框架

第 1 章为绪论。主要从互联网背景下股票市场风险传导表现出的新特征角度，阐述了本文的研究背景、研究意义、研究框架和创新之处等。

第 2 章为文献综述。主要从股票市场风险传导表征、互联网信息传播对股票风险传导的影响和计算实验仿真平台构建和校准等方面已有的研究成果，开展研究现状和发展动态的介绍。

第 3 章为股吧个体信息交互对股价联动关系的影响研究。从有效信息理论和社会嵌入理论出发，提出本章的假设，首先，通过构建信息扩散网络和股价联动网络，对比分析两个网络在网络拓扑结构等方面的一致性；其次，通过回归分析，定量探究个体在社交媒体上的信息扩散影响股价联动的程度；再次，从不同类型个体的数量、产生的信息流量和信息流的时间间隔分析等，探讨了个体行为对股价联动的影响；最后，从内生性问题、样本股筛选、样本区间和解释变量等多个角度，进行了稳健性检验，证实了上述研究结果的可靠性。

第 4 章为股吧异质性信息扩散对股价联动的影响及其机制研究。首先，从公司特质信息和市场行业信息两个视角，考察两类异质性信息的扩散对个体投资者交易行为和股价联动的影响。其次，在此基础上，进一步探究个体投资者的交易行为对股价联动的影响。最后，通过中介效应检验等方法，考察不同类型信息的扩散，如何通过影响投资者交易行为，进而影响股价联动。

第 5 章进一步对比分析了不同市场下、不同类型投资者的信息扩散对股价联动的影响。基于"口耳相传"效应和社会嵌入理论，从理论上分析了个体和机构投资者的信息扩散对股价联动的影响差异，并给出本章的研究假设。首先，通过计量回归模型探究了不同市场上，个体投资者和机构投资者引起的信息扩散对股价联动的影响差异，并进一步从投资者交易行为的角度，采用三步回归法，探讨了信息扩散影响股价联动的机制；其次，从信息扩散的速度出发，探究了股价联动的"领先—滞后"效应；最后，通过更换样本区间，进一步控制其他控制变量，考虑个体投资者"羊群效应"的影响以及替换机构投资者信息扩散度量指标等，对上述研究进行了稳健性检验。

第6章是对互联网信息扩散影响股价联动的微观机制的探讨。基于用户对于不同股吧的共同关注和个体间的信息交互行为，设定主体对公开市场若干股票的选股规则，制定个体间的信息交互机制，构建基于共同关注和信息交互的多人多资产交易模型，模拟多资产的价格演化和联动行为，揭示资产价格联动的微观机制。

第7章为本书的总结与展望。在对上述研究结论进行整理、总结的基础上，从互联网信息传播对投资者交易决策的影响、不同类型信息的扩散对股票市场风险传导的影响等角度，对未来研究进了展望。

## 1.3　本书创新之处

相较于已有研究，本书的创新之处主要体现在以下几个方面。

首先，探索互联网时代下的股市风险传导特征以及互联网信息传播对风险传导的具体影响。互联网时代的信息传播变革已经引起了金融风险传导途径和方式的改变，本书重点研究了当前股市风险传导过程中表现出的新特征，并且依托社交媒体数据分析证券市场参与者之间的信息交互行为对股市风险传导的具体影响。

其次，本书首次对比分析了在具有不同投资者结构的市场中，个体和机构投资者引起的信息扩散对股票市场风险传导的影响及其影响机制。成熟市场与新兴市场在市场环境和投资者结构等方面存在较大差异，本书重点研究了不同市场下信息扩散对风险传导的影响差异，并从投资者交易行为的角度，探究了前者对后者的影响机制与渠道，丰富和拓展了股票市场风险传导影响因素和影响机理的相关研究。

最后，首次采用 MG 模型构建基于主体共同关注和信息交互的股票风险传导模型。以 MG 模型为基础，采用社交媒体数据，设定主体的信息来源和信息交互规律，构建多人多资产少数者博弈模型，揭示股市风险传导的微观机制，拓展了金融风险研究的方法和途径，并且通过模型计算实验为中国股票市场的风险管理提供可行措施和科学依据。

虽然本书在研究视角、研究方法等方面有较大的创新，但客观原因导致本书依旧存在些许不足之处。例如，由于计算机存储、运算能力和网络爬虫封锁等限制，本书没有爬取中美市场中所有股吧的信息，进而无法对全部上市公司进行全样本分析。为此，本书采用了多次随机抽样等多种稳健性检验方法，对研究结论的可靠性进行了检验；另外，由于计算机运算能力的限制，本书在计算实验 MG 模型的构建和校准过程中，同样无法针对全样本数据进行模拟。为了使模型具有普适性且保证模型研究结论的可靠性，本书尽可能根据所有样本的总体分布，进行参数设定，并在同一参数下进行多次模拟。

# 第 2 章　文献综述

　　股票市场的风险研究一直是金融学的重点问题，国内外学者多年来通过不断探索和持续研究，已经在股票市场风险传导表征、互联网信息传播对股票风险传导的影响和计算实验仿真平台构建等方面积累了大量的研究成果，取得了重大的进展。本书将按照研究内容相关的上述几个方面，开展研究现状和发展动态的介绍。

## 2.1　金融市场风险传导的实证研究

　　金融危机加深了人们对金融风险传导的认识，使其成为金融风险研究领域的一个热点问题。风险传导主要指股价高波动时期市场间关联程度的显著增加（Forbes 等，2002），某一市场在受到风险事件冲击后，股价波动会迅速蔓延至另一市场，且该现象无法由市场间长期同步性和共同宏观经济因素来解释（Tjostheim 等，2013）。近年来，相关性分析和复杂网络的方法广泛应用于风险传导的研究。

　　相关性分析考察市场收益率序列或波动率序列之间的相关关系，是研究风险传导最直接的方法。相关性分析的典型方法大体包括以下几个方面。

（1）交叉相关系数分析。即利用市场间收益率序列或波动率序列之间的交叉相关系数来度量同步性，表明市场间同步性的增强能反映风险的积聚甚至金融危机，在比较危机前和危机时，市场间同步性是否发生显著变化（Forbes 等，2002；Eiling 等，2015；Lehkonen，2015），但其局限性在于市场间同步性的变化可能完全由宏观经济因素引起。

（2）VAR 模型。主要包括利用脉冲响应分析，该方法能够捕捉变量受一单位标准差冲击所产生的影响及影响路径的变化，但其没有考虑残差的异方差和自相关问题（Amado 等，2013）；方差分解方法，能够分析各解释变量的冲击对被解释变量变动的贡献，即各变量的随机冲击在 VAR 模型中的相对重要性，分解过程以扰动项之间存在同期因果关系假定为前提，但其存在较为严苛的假设，即假定分解过程中扰动项之间存在同期因果关系（Jin 等，2016）；线性或非线性格兰杰（Granger）因果关系检验，聚焦于分析两个平稳序列在不同时间标度下的线性或非线性因果关系，其要求时间序列必须平稳且无法刻画因果关系的动态变化（Diks 等，2006）。

（3）GARCH 簇模型。该类模型利用残差向量构造方差—协方差矩阵来刻画金融市场间波动的非同步动态相关，有助于衡量金融时间序列普遍具有的条件方差、尖峰厚尾及波动聚集等特性，且此类模型能够刻画金融市场间波动的非同步动态相关，因而众多学者广泛运用 GARCH 模型的扩展形式研究风险传导问题，如 EGARCH（Fu，2009）、VAR – GARCH – BEKK（Caporale 等，2015）、GJR – GARCH（Bartram 等，2007）和 DCC – GARCH（Engle，2002）。其局限性在于基于模型残差的相关性传导效应的测度，易产生模型遗漏变量，或风险传导由共同冲击引起等问题。

（4）Copula 函数族。该类模型无须假设时间序列服从多维正态分布，利于捕捉金融市场间非线性相依与尾部相依动态特征。同 VAR 模型和 GARCH 簇模型相比，该方法能够更好地捕捉金融时间序列之间的非线性相依和尾部相依特征（Rosenberg 等，2006），且能够识别不同时期市场间关联结构的动态变化（Rodriguez，2007），但选取合适的 Copula 函数来描述多维随机变量的相关性较困难。

（5）其他。Sornette 和 Zhou（2006）提出的热最优路径法（Thermal Optimal Path Method，TOP）也可用于时间序列非同步动态相关性分析，TOP 是基于统计物理方法的无参数非同步动态相关性分析方法，其唯一在于 TOP 方法无法得到序列间的相关系数矩阵；Bekaert 等（2014）利用因子载荷与残差的相关系数和 Lehkonen（2015）利用多因子模型的 $R^2$ 或因子载荷与残差的相关系数来度量关联程度。相关性分析从序列之间的相关关系出发，能综合考虑各种潜在的风险传导渠道，但并不关注相关性的形成原因。

复杂网络方法近年来被广泛应用于各学科领域，在金融复杂系统风险传导方面，该方法根据股票间的相关关系或上市公司、金融机构间的具体业务联系构建链接关系及其拓扑网络，更全面、直观地反映市场或机构之间的风险传导过程。一类研究从收益率序列或波动率序列之间的相关关系出发，采用最小生成树（Minimum Spanning Tree，MST）、平面极大过滤图（Planar Maximally Filtered Graph，PFMG）、财富树（Birch 等，2016）和有向无循环图（Directed Acyclic Graph，DAG）（Yang 等，2017）等方法构造股票相关性网络来分析股市风险传导过程。另一类研究根据金融机构或上市公司的具体业务联系构建金融网络，并模拟单个或多个机构破产倒闭情形下的风险传导特点以及不同网络结构对风险的抵御程度（Allen 等，2000；黄聪等，2010），或者基于虚拟规则网络模型仿真模拟风险传导（刘纳新等，2015）。复杂的网络方法有助于了解风险传导的途径和过程，但对风险传导根本机制的解释还不够完全。

## 2.2　互联网信息传播对股票风险传导的影响研究

### 2.2.1　互联网信息扩散对风险传导的影响

互联网时代下的信息扩散对股票相关性具有重要影响，而股票相关性结构的变化体现了股票间风险传导的途径和方式的改变。随着互联网的飞速发展，互联网上的信息扩散已经成为影响证券市场的重要因素，学术界也开始关注基于互联网信息扩散的股票相关性和风险传导研究，包括从机构或上市公司以及信息数量等中观层面解释风险传导机制。

以互联网数据或公司具体业务数据为基础的信息扩散网络与股票相关性网络的对比分析，是研究信息扩散对风险传导影响的方法之一。Cerchiello 和 Giudici（2016，2017）利用推特（Twitter）数据和银行收益率数据分别构建信息扩散网络和银行关联网络，通过两类网络的对比分析，研究互联网信息对银行风险传导的影响。也有研究从不同角度出发，构建了包括大股东联结网络（董大勇等，2013）、上市公司交叉持股网络（马丽莎等，2014）和基金持股网络（肖欣荣等，2012）等框架，通过与股价联动网络的对比或回归分析，研究两层网络之间的相关性。这类研究虽然对风险传导的静态特征进行了细致的探究，但是对风险传导过程的演变及其微观机制尚未做深入了解。

同步性是反映股票相关性的重要指标，利用互联网信息数量对股票同步性进行计量回归，是分析信息扩散对风险传导的另一重要方法。现有研究大多集中在企业微博数量对股价同步性的影响上，认为企业发布的微博数量越多，公司披露的特质性信息越多，信息扩散也越容易（黄俊等，2014；Höchstötter 等，2014；胡军等，2015；刘海飞等，2017）。也有研究从其他角度出发，包括分析不同行业内互联网信息对股价同步性的影响差异（Liu 等，2015），以及通过模拟研究企业间的信息扩散对股价同步性的影响（Zhang 等，2015）。上述研究从互联网信息数量或内容等中观层面给出了风险传导的影响因素，但是对于影响因素的挖掘依然不够深入。

## 2.2.2　社交媒体中的个体信息交互研究

个体信息交互是互联网信息扩散的主要途径，交互规律决定了风险事件的传播广度和深度，也势必影响风险在股票相关性网络中的传导途径和范围。社交媒体中的个体信息交互可以使个股风险事件迅速扩散，扩大风险事件受众面并影响证券参与者决策制定，最终影响整个市场，甚至引发系统性风险。基于个体信息交互的股市风险传导研究，有助于从微观层面掌握风险传导的动态演化特征、影响因素及传导机制。

针对社交媒体中的个体信息交互规律和特征的研究，现有文献利用复杂网络方法，对社交媒体中个体信息交互网络的节点度、最短路径和网络密度等统计特征进行了研究（Li 等，2015）。也有文献从网络结构特征出发，通过子群分析和派系分析等，研究个体信息交互网络结构的稳定性（洪小娟等，2016）。在网络拓扑结构研究的基础上，进一步分析个体信息交互动力学过程，有助于掌握股票风险事件在社交网络上的扩散，并采取相关措施预防风险在相关股票间的传导。其中，影响力较大的关键节点识别是分析信息交互动力学过程的基础。现有文献基于不同指标或算法给出多个关键节点识别方法，包括节点的 Shapley Value（Narayanam 等，2011）、Upper Bound Lazy Forward 算法（Zhou 等，2013）、节点互惠性（阚长江等，2016）、节点度方法（谭雪晗等，2017）和 Upper Bound Interchange Greedy 算法（Song 等，2017）等。也有文献从信息交互动力学的研究目的出发，分析信息情感差异、个体异质性和多样性以及个体兴趣等对信息交互的影响（Morales 等，2014；唐晓波等，2017）。

上述基于单层个体信息交互网络的研究，无法完全解释个体信息交互如何影响风险在相关股票中的传导。因此，有必要建立个体信息交互网络与股票相关性网络之间的耦合关系，通过两层网络的对比或者将其作为整体，研究个体信息交互对风险传导的影响。学术界在处理交织网络问题时，把高于而又超于现存网络的网络称为"超网络"（Nagurney 等，2002）。在理论研究方面，主要有基于变分不等式将多分层、多标准的超网络平衡模型转化为优化问题（Nagurney，2010）研究。在实证方面，包括突发事件信息交互超网络研究（武澎等，2013）和多主体舆情超网络研究（马宁等，2015）等。虽然目前缺乏从个体信息交互角度直接解释风险传导的文献，但是上述研究为基于个体信息交互的股市风险传导研究奠定了良好的基础。

## 2.3 计算实验平台的构建与校准

### 2.3.1 计算实验金融学的发展历史概括

计算实验金融学将金融市场视为由众多自适应性异质主体所组成的复杂系统，运用智能信息技术对主体的适应性学习行为及其交互进行建模，从微观层面模拟金融市场动态演化过程，以揭示金融市场的特征及其微观成因，或为投资者的投资组合管理和政策制定者对金融市场的风险管理提供决策依据。经过二十多年的发展，国外学者提出的基于主体的实验模型主要包括金融交易模型（Lux 等，1999）、羊群模型（Herding Model）（Cont 等，2000）、少数者博弈模型（Minority Game）（Challet 等，1997）、伊辛模型（Ising Model）（Krawiecki 等，2002）、委托驱动模型（Order – Driven Model）（Farmer 等，2005）等。

国内学者对计算实验金融学的发展同样起到了极大的推动作用，并取得了一系列的研究成果。相关研究有投资者从众行为对价格的影响研究（应尚军等，2003）、连续竞价股票市场仿真（高宝俊等，2005）、分形和混沌动力学特征模拟（邹琳等，2008）、协同"羊群行为"与市场波动相关研究（陈莹等，2010）、期权对股市波动的影响研究（赵尚梅等，2015），以及高杠杆融资引致股市流动性危机的机理研究（韦立坚等，2017）。以天津大学张维教授和南京大学盛昭瀚教授为代表的研究团队为计算实验金融在国内的发展作出了重要贡献，他们系统整理了计算实验金融学的方法论和发展脉络（张维等，2010）以及在管理科学研究中的应用（盛昭瀚等，2011）。

## 2.3.2　少数者博弈模型的研究

采用计算实验金融方法进行股票市场的模拟仿真研究，其关键步骤是选择或构建用于计算实验的微观模型，少数者博弈模型（Minority Game，MG）在模拟主体自适应行为和市场动态演化规律中表现出了优良的特性。MG 模型由 Arthur（1994）的酒吧模型演变而来，主体根据酒吧公布的公开信息，竞争当日酒吧内有限的座位资源。Challet 和 Zhang（1997）首次将模型应用于股票市场的建模，该模型赋予异质主体"智能人"的特质，主体具有自适应学习的能力（具有策略集、策略评分方法以及策略演化机制），可模拟实际投资者丰富的自适应学习行为及其复杂交互作用，被广泛应用于解释股票市场的收益尖峰胖尾分布、波动聚集、波动长期记忆性、杠杆效应等特征现象。

标准 MG 模型对应一个封闭的动态系统，假设有 $N$ 个智能主体（异质群体），$r(t)$ 是 $t$ 时刻的收益，$R = \{r(t-T), \cdots, r(t-1)\}$ 记录了前 $T$ 步历史收益的信息。每个主体 $i$ 有 $B$ 个随机抽取的策略 $\{b_i\}(b = 1, \cdots, B)$，每个策略反映从信息集 $R$ 到决策集 $\{a_{i,b_i}^R\}$ 的映射，$a_{i,b_i}^R = 1$ 或 $-1$ 分别代表买和卖决策。每个策略有一个累积积分 $U_{b_i}^i$，用来衡量这个策略的成功率。在时刻 $t$，每个主体选择自己积分最高的策略，根据历史收益的信息决定相应买卖决策。当所有主体完成决策交易后，在少数一方的为赢家，由买卖人数差决定价格变化（价格动力学），再根据每个策略的表现即主体的收益更新策略的分数（策略评分）。随着 $t$ 的迭代，完成主体财富和系统价格序列的动态模拟。

为了满足股票市场计算实验的需求，MG 模型经过二十多年的发展，在很多方面取得了重大的改进，如历史记忆长度

（Johnson 等，1999）、种群演化和市场有效性（Challet 等，2001）、策略决策和评分规则（Bischi 等，2017）、主体社会网络关系（Chen 等，2017）、量子少数者博弈（王浩等，2014）、主体间信息搜索（Zhang 等，2015）、少数和多数混合博弈（Zhang 等，2016；纪明洁等，2012）、外源信息影响（Sasidevan，2016）和多资产收益相关性（Yang 等，2018）等方面。另外，MG 模型在实际股市模拟仿真（李昊等，2012）和真人交易实验（Liang 等，2014）方面也取得重要突破。但以 MG 模型为平台，从模拟微观主体行为出发构建股市风险传导的计算实验模型，相关研究很少且有较大的发展空间。

## 2.4  研究评述

综上所述，现有文献在复杂演化金融系统的风险传导研究方面已经取得了一系列重要的理论成果，并且在基于主体行为的模型构建、模型校准和基于少数者博弈模型的拓展研究等问题上有了较好的积累。但领域内的研究还存在不均衡的状况，在某些问题上还存在不足或需进一步提高的空间。

第一，互联网时代下金融复杂系统中新的风险传导路径和特征的发掘。随着互联网通信的快速发展，人们对股票市场风险事件的反应和传播速度随之加快，风险事件的发生频率也越来越高，在此背景下股市风险传导的具体路径、演化特征及其微观机制还有待挖掘，特别是高频次数据的分析能提供更为准确的度量。

第二，个体信息交互对股市风险传导的影响研究。互联网信息传播对股市风险传导的影响研究，大多基于信息扩散网络分析风险在金融机构间的传导扩散。由于个体互联网信息数据获取需要一定的计算机技术支持，相关研究在最近几年才刚起步，缺少对个体信息来源和信息交互行为的研究，从微观层面研究个体信息交互对股市风险传导的影响尚待进一步发展。此外，发达国家和发展中国家在互联网发展、金融市场成熟度等方面存在较大差异，不同市场上信息扩散对股市风险传导的影响是否存在差异，却鲜有文献探究。

第三，开发和创建基于主体行为的风险传导计算实验模型。以 MG 模型为平台，从模拟主体对公开信息源的选取和主体间信息交互的角度出发，构建风险传导的计算实验模型，相关研究还很少且具有较大发展空间。在计算机运算能力不断增长的条件下，将真实社会网络和种群演化等因素也纳入计算实验金融研究的框架可能是未来研究的发展趋势，使计算实验平台更贴近真实股票市场。

# 第3章　股吧个体信息交互
# 对股价联动关系的影响研究

近年来，随着计算机和互联网通信技术的快速发展，股吧等互联网平台开始成为投资者获取信息和交互信息的重要媒介之一。股票市场风险事件经过股吧等互联网平台上个体间的信息交互得以迅速传播，并可能引发股价的大范围、快速联动甚至金融危机。尤其在以中小投资者为主导力量的中国股票市场上，个体信息交互给市场带来的冲击更为明显。例如，2015 年 12 月 10 日，"复星集团董事长郭广昌被警察带走"的消息在社交媒体上扩散，次日复星系控股、参股的公司股价几乎全线下跌。[①] 2016 年 2 月 24 日 13 点 21 分，一则关于"创业板全面停止审核"的虚假信息在新浪微博发布并扩散后，直接导致第二天沪深两市现千股跌停[②]。此类事件说明，投资者对风险事件的反应和传播速度大大加快，股票市场的风险传导已经发生深刻的变化，互联网背景下股价联动关系的研究已十分必要。

---

[①]　来源于网易新闻，http：//news. 163. com/15/1214/00/BAONDIP300014 AED_mobile. html。

[②]　来源于新华网，http：//www. xinhuanet. com//fortune/2016 - 02/26/c_128753608. htm。

风险传导研究对于认识复杂系统的风险演化规律和防范金融风险蔓延具有重要意义。股票市场风险传导通常表现为股价波动的蔓延，即不同市场或上市公司间的股价出现联动（Forbes 等，2002；裴茜等，2019）。针对股价联动的决定因素研究，现代金融理论主要基于经济基本面进行解释，但是大量研究表明，经济基本面因素无法完全解释市场内不同证券的过度联动（Tjostheim 等，2013）。近几年，有文献开始关注基于互联网信息的股价波动或股价联动关系研究。从信息本身的角度出发，现有文献探讨了互联网信息的情感倾向（Steven 等，2018；部慧等，2018）、数量（胡军等，2015）、内容（何贤杰等，2018）和质量（刘海飞等，2017）等对股价波动或股价联动性的影响；从信息扩散的角度出发，由于成熟市场主要以机构投资者为主导，已有文献大多关注成熟市场上机构投资者之间的信息扩散与股价联动的关系（董大勇等，2017；马丽莎等，2014；肖欣荣等，2012；Anton 等，2014；马源源等，2013），但在中国股票市场上个体投资者居多，鲜有文献探究互联网平台上微观个体间的信息交互行为对股价联动的影响。

与上述文献不同的是，本章从微观个体的信息交互行为出发，利用东方财富网股吧用户数据，构建股票信息扩散网络，分析股票信息扩散网络与股价联动网络的一致性，在此基础上，进一步考察不同类型的股吧用户的微观行为对股价联动的影响，并利用用户在股吧内产生或引起的信息流量对股价联动进行预测。本章的研究结论将有助于揭示股票市场风险传导的根本原因，为监管层有效阻断风险事件进一步扩大恶化提供了新的启示。

## 3.1 理论分析与研究假设

股票市场风险传导问题是金融风险研究领域的重点课题,一直以来引起学术界的高度关注,风险传导问题研究对认识复杂金融系统的风险演化规律、加强市场风险管理等具有重要意义。随着互联网技术和行为金融学理论的发展,学者开始基于有效信息理论和社会嵌入理论,从社交媒体信息和市场参与主体间的信息扩散等角度解释资产价格联动,探究金融市场风险传导的影响因素。

### 3.1.1 有效信息理论的观点

市场有效信息理论将资产价格过度联动中,无法由经济基本面因素解释的部分归因于异质信息,且异质信息来源于行为层面和公司层面两类信息(Morck 等,2000)。

行为层面的资产价格联动研究,包括投资者关注和新闻热点信息等(刘海飞等,2017)。Preis 等(2000)利用谷歌搜索引擎上关键词的搜索量作为投资者关注度指标,研究投资者行为对市场的影响。刘海飞等(2017)通过投资者信息关注度、信赖度和更新频率三层维度构建微博信息质量指标,研究发现社交网络信息质量与股价同步性存在关联关系。Turan 等(2018)研究显示异常新闻流量会导致投资者对公司价值的判断产生分歧,从而影响股价波动。黄俊等(2014)研究表明,新闻信息对公司股价同步性的影响主要通过负面报道产生,而且网络新闻媒体报道也有助于公司股价同步性的降低。

公司层面的资产价格联动研究,早期从社交媒体信息数量出发，认为上市公司在社交媒体上发布的信息数量越多，其披露的异质性信息越多，对股价同步性影响越大（周冬华等，2016）。胡军等（2015）进一步指出，股价同步性不仅取决于上市公司在社交媒体上披露的异质性信息多寡，还取决于投资者是否能准确理解此类信息，并研究发现此类信息主要通过分析师的信息解读作用进入股价。基于社交媒体信息内容，何贤杰等（2018）发现只有当上市公司透明度、在社交媒体上披露的信息质量较高时，公司层面的信息才能有效地通过社交媒体传递给投资者，从而影响股价同步性。

综上所述，现有文献从社交媒体信息的来源、数量和质量等角度，解释了行为层面和公司层面的异质信息对股价联动的影响，但是上述研究忽略了异质信息在社交媒体上的扩散对资产价格行为的影响。东方财富网股吧是国内最大的股票在线讨论社区，用户作为信息扩散的载体，可能同时活跃在不同的股吧中，将某一股吧中的信息扩散至另一股吧。而另一股吧中其他个体基于共同活跃用户提供的相同信息，对于各自关注的股票可能作出相同的预期或决策，最终导致两个股吧对应股票的价格联动。同时活跃在不同股吧中的用户越多，在股吧间扩散的信息越多且受众范围越广，即信息扩散越容易，进入股价的信息越多，对金融资产行为的影响可能越大。

基于上述分析，本章提出第一个假设：

H3.1：股吧中的信息扩散越容易，对应个股间的价格联动效应越明显。

## 3.1.2　社会嵌入理论的观点

基于上市公司社会关系的资产价格联动研究，其立论基础是社会嵌入理论，该理论认为企业的经营行为会受到其所嵌入社会关系的影响（郑方，2016）。基金共同持股关系、大股东联结关系、董事联结关系和上市公司交叉持股关系等上市公司间的社会关系，具有资源价值和信息扩散功能，可以被看作上市公司的某类价值属性（陆贤伟等，2013）。投资者会根据上市公司的此类属性进行分类投资，进而导致资产价格联动（Barberis 等，2005）。

现有文献大多从信息扩散的角度，实证分析了上市公司间的社会关系对资产价格联动的影响。Anton 等（2014）指出，基金共同持股关系能够预测股票间的协方差。这种持股关系体现了群体内部的信息扩散，以及群体成员的协调和信息的影响（Powell 等，2005）。董大勇等（2013）针对上市公司前十大股东的联结关系，研究表明关联交易和信息扩散的存在导致股东联结下的股票存在价格联动。陆贤伟等（2013）考察了企业间董事联结关系对股价联动的影响，结果表明股价的联动性是由董事联结的内在资源价值和信息扩散功能所形成的。类似的研究还包括上市公司交叉持股网络等与股价联动网络的对比研究（马丽莎等，2014），企业集团关系型交易对股价同步性的影响（李增泉等，2011）。

综上所述，机构投资者、大股东和董事等市场参与者的持股关系或联结关系所具备的信息扩散功能，在资产价格联动中发挥了重要作用，但是上述文献尚未考虑到个体投资者在上市公司社会关系形成中的作用。中国证券市场主要以个体投资者为主导，且随着社交媒体的迅猛发展，股民与网民加速融合（张永杰等，2011）。社交媒体用户对于某类信息的交互，会引起更多投资者的关注，从而引起股票价格联动，因为不同上市公司可能因该类信息而具有共同的价值属性。例如，"复星集团董事长郭广昌被警察带走"的消息引起复星系控股、参股的公司股价几乎全线下跌。此外，社交媒体用户数量越多、产生或引起的信息流量越多、互动越频繁、信息扩散越容易，个体能接收到的此类信息越多且速度越快，对金融资产行为的影响可能越大。因此，本章在厘清信息扩散对股价联动影响的基础上，进一步深入微观层面探究个体信息交互如何影响股价联动，并提出第二个假设：

H3.2：个体信息交互行为有助于促进股吧间的信息扩散，进而影响股价联动关系。

与上述文献相比，本章研究存在以下贡献：第一，首次利用互联网平台数据，构建股票信息扩散网络，发现信息扩散对股价联动存在显著正影响，是对该领域研究的重要拓展；第二，以信息扩散为桥梁，发现个体信息交互行为能够通过促进信息扩散进而影响股价联动，丰富以往关于股价联动成因探索的研究；第三，从个体信息流量的角度出发，对股价关联进行预测，证明了信息流量的预测性。本章的研究结论有助于揭示股票市场风险传导的根本原因，为监管层有效阻断风险事件进一步扩大恶化提供了新的启示。

## 3.2　研究设计

### 3.2.1　数据说明

本章的研究区间为 2017 年 1 月 3 日至 12 月 29 日，研究对象为上证 A 股。由于本章采用 2017 年日度收益率序列的相关系数矩阵来度量股价联动，收益率序列长度有限，2017 年共有 244

个交易日，为避免当样本容量较大时，估计噪声对回归结果产生较大影响（Zhang 等，2013；李冰娜等，2016），本章将样本容量控制在300个以内。个体投资者的行为对不同市值股票的价格联动影响存在差异，且不同市值股票的波动率不同（Kumar 等，2006）。因此，本章在样本的选择过程中，首先，根据上证 A 股2017 年日度流通市值的均值，将其分为三组，在每一组内随机选择 100 只股票，共得到 300 只股票。其次，为了确保股票的流动性，剔除了 300 只股票中非连续交易的个股。最后，得到 267只样本股。样本股行业分布情况如表 3.1 所示，按一级行业名称划分。

表 3.1　　　　　　　　　样本股行业分布情况

| 行业名称 | 样本股数量（只） | 行业名称 | 样本股数量（只） |
|---|---|---|---|
| 制造业 | 131 | 农、林、牧、渔业 | 6 |
| 批发和零售业 | 24 | 文化、体育和娱乐业 | 5 |
| 交通运输、仓储和邮政业 | 22 | 信息传输、软件和信息技术服务业 | 4 |
| 电力、热力、燃气及水生产和供应业 | 20 | 综合 | 4 |
| 金融业 | 12 | 水利、环境和公共设施管理业 | 2 |
| 房地产业 | 14 | 住宿和餐饮业 | 2 |
| 采矿业 | 11 | 租赁和商务服务业 | 2 |
| 建筑业 | 7 | 教育 | 1 |

相关系数矩阵（$COR$）的计算采用 2017 年全年日度对数收益率序列，行业关系矩阵（$DHY$）根据证监会《上市公司行业分类指引》2012 年版计算，价格差异（$DP$）、规模差异（$DMV$）和市盈率相似性（$DPE$）矩阵分别采用 2016 年最后一个交易日的收盘价、流通市值和 2016 年年报中的市盈率计算。研究个体行为与股价联动关系时，变量 $DP'$ 和 $DMV'$ 分别采用 2017 年全年日度的收盘价和流通市值计算，数据均来自 Wind 数据库。股票

信息扩散网络数据，来源于东方财富网个股股吧中个人投资者的发帖记录，通过 Python 编程采集，采集字段包括帖子 ID、用户 ID、吧龄、用户发帖和回帖的内容以及时间等，共收集了 2017 年 1357673 个用户的 7636107 条发帖或回帖记录，以及 2016 年 347018 个用户的 2707045 条发帖或回帖记录。同时，活跃在两个股吧中的用户为当年同时在这两个股吧中有发帖或回帖行为的用户，以下简称共同活跃用户。

### 3.2.2　股票信息扩散与股价联动

（1）股价联动网络构建。

本章采用 2017 年股票日度对数收益率序列间的相关系数矩阵来刻画股价联动关系（Khanna 等，2009），股价联动网络的构建参考黄玮强等（2008）的做法，具体步骤如下：①计算股票收益率序列相关系数矩阵；②为了便于分析股价联动网络的内在性质，将相关系数矩阵转化为距离矩阵（Elton 等，1971）。

$$DIS_{s_i,s_j} = \left[ 2 \times (1 - COR_{s_i,s_j}) \right]^{1/2} \qquad (3-1)$$

其中，$DIS_{s_i,s_j}$ 为股票 $s_i$ 和 $s_j$ 之间的距离，$COR_{s_i,s_j}$ 为两者日度收益率序列的皮尔逊相关系数，相关系数越大，相应的距离越小；③在距离矩阵基础上应用最小生成树（MST、Onnela 等，2004）和平面极大过滤图（PMFG、Tumminello 等，2007）算法构建最终的股价联动网络。MST 要求图通过 M−1 条边将 M 个股票节点连接在一起，且满足所选择的边距离之和最小且不出现环（Lee 等，2007）；PMFG 仅要求可平面图上所有的边不能交叉，节点数量 M 和连边数量 Q 满足（Tumminello 等，2005）：$M \geqslant 3$，$Q \leqslant 3M-6$。

最终构建的股价联动网络 S−S，其模型为 $NET_s = (S, E_{S-S})$，其中，$S = \{s_1, s_2, \cdots, s_n\}$ 为不同股票集合，$E_{S-S} = \{(s_i, s_j) \mid$

29

$s_i, s_j \in S\}$ 表示该网络连边的集合，$(s_i, s_j)$ 为股票$s_i$和$s_j$之间的连边，表示股票$s_i$和$s_j$存在关联关系，连边的权重为相关系数。

（2）信息扩散网络构建。

在以个体投资者居多的中国股票市场上，个体投资者间的信息交互对股价联动的影响可能更明显，股吧用户数据较好地呈现了个体投资者间的信息交互情况。例如，股吧用户可以通过发帖或回帖进行信息交互，且同时活跃在两个股吧中的用户越多，信息在不同股吧间的扩散越容易。因此，本章利用东方财富网股吧用户数据，基于个体信息交互行为构建如下个股信息扩散网络。

根据不同个股股吧间共同活跃用户的数量，形成股票信息扩散网络 $G - G$，其模型为 $NET_G = (P, E_{G-G})$，其中 $G = \{g_1, g_2, \cdots, g_n\}$ 为不同股吧集合，$E_{G-G} = \{(g_k, g_l) \mid g_k, g_l \in G\}$ 表示该网络连边的集合，若某个用户与股吧$g_k$和$g_l$均存在链接，则股吧$g_k$和$g_l$存在连边 $(g_k, g_l)$，且此类用户越多，连边 $(g_k, g_l)$ 的权重越大，以下简称股吧对的权重。例如，在图3.1的个股信息扩散网络构建中，用户$p_1$和$p_2$均在股吧$g_1$和$g_3$中发帖，与股吧$g_1$和$g_3$建立直

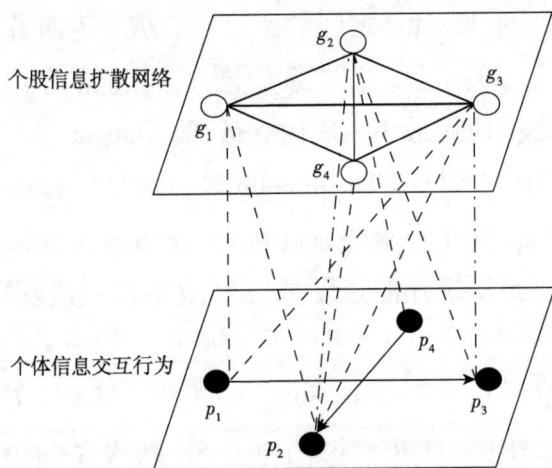

图3.1　个股信息扩散网络构建

30

接链接，用虚线表示，则股吧$g_1$和$g_3$存在连边，且连边的权重为2；用户$p_2$通过回复用户$p_4$在股吧$g_2$中的帖子，与股吧$g_2$建立间接链接，用点划线表示，同时该用户也在股吧$g_4$中的发帖，因此股吧$g_2$和$g_4$存在连边，但连边的权重为 1。计算股吧共同活跃用户数量矩阵，同样采用 MST 和 PMFG 算法构建最终的股票信息扩散网络。

（3）回归模型构建。

为了验证假设 H3.1，本章以股吧的共同活跃用户数量矩阵作为表征个股间信息扩散的指标，用股票相关系数矩阵作为刻画股票间联动关系的指标，控制变量的选取参考董大勇和刘海斌等（2013）的做法，建立如下分析模型

$$COR = \alpha_0 + \alpha_1 STK + \alpha_2 DHY + \alpha_3 DMV + \alpha_4 DP + \alpha_5 DPE + \varepsilon$$

$$(3-2)$$

其中，$COR$ 为相关系数矩阵；$STK$ 为共同活跃用户数量矩阵；$DHY$ 为股票行业关系矩阵，其元素取值为 1 或 0，1 表示股票$s_i$和$s_j$属于同一行业，否则非同一行业；$DMV$ 为规模差异矩阵，表示公司规模的差异程度，其元素取值为

$$DMV_{s_i,s_j} = | \ln(MV_{s_i} / MV_{s_j}) |$$

$$(3-3)$$

其中，$MV$ 为股票的流通市值，$DMV_{s_i,s_j}$越小表明股票$s_i$和$s_j$的公司规模越接近；$DP$ 为价格差异矩阵，其元素取值为

$$DP_{s_i,s_j} = | \ln(PRI_{s_i} / PRI_{s_j}) |$$

$$(3-4)$$

其中，$PRI$ 为股票的价格，$DP_{s_i,s_j}$越小表明股票$s_i$和$s_j$的市场价格越接近；$DPE$ 为市盈率相似性矩阵，其元素取值为

$$DPE_{s_i,s_j} = \begin{cases} \min\left(PEB_{s_i,s_j}, \dfrac{1}{PEB_{s_i,s_j}}\right) & PEB_{s_i,s_j} > 0 \\ \max\left(PEB_{s_i,s_j}, \dfrac{1}{PEB_{s_i,s_j}}\right) & PEB_{s_i,s_j} \le 0 \end{cases}$$

$$(3-5)$$

其中，$PEB_{s_i,s_j}$为股票$s_i$和$s_j$市盈率的比值，市盈率为每股价格（$PRI_{s_i}$）与每股收益（$EPS_{s_i}$）的比值。$DPE_{s_i,s_j}$越大表明股票$s_i$和$s_j$的市盈率越接近。式（3－2）的参数估计，采用以重新抽样为基础的非参数检验（QAP）方法（Everett，2002），该网络分析方法可以检验两种网络联结模式是否存在关联（奇达夫等，2007）。

最后，为了验证同一股票在信息扩散和股价联动网络中是否均处于主导地位，本章以信息扩散网络中股票的中心度作为网络位置的替代指标，以该股票与其他股票平均相关系数衡量其在群体联动关系中的相对主导位置，并结合相关控制变量（董大勇等，2013），建立如下回归模型

$$MCOR_{s_i} = \beta_0 + \beta_1 DEG_{g_i} + \beta_2 MV_{s_i} + \beta_3 PRI_{s_i} \\ + \beta_4 EPS_{s_i} + \beta_5 PE_{s_i} + \varepsilon \qquad (3-6)$$

其中，$MCOR_{s_i}$为股票$s_i$与其他股票相关系数的平均值，$DEG_{g_i}$为与股票$s_i$相对应的股吧$g_i$在信息扩散网络中的度，$MV_{s_i}$、$PRI_{s_i}$、$EPS_{s_i}$和$PE_{s_i}$分别为股票$s_i$的流通市值、价格、每股收益和市盈率。

### 3.2.3　个体行为与股价联动

上述研究方法虽然有助于我们从中观层面理解信息扩散如何影响股票间的联动关系，但是对信息扩散的微观原因依然未知，进而无法深入了解导致股票间出现联动现象的根本原因。为了验证假设 H3.2，首先，本章探究个体信息交互行为在股票信息扩散中的作用，包括分析用户的信息流量特征以及这些信息流的时间间隔分布等；其次，分别利用个体产生和引起的信息流量作为信息扩散指标，直接考察个体行为对股价联动的影响。

（1）个体信息交互与信息扩散。

　　考虑到股吧用户行为的多样性，不同类型的用户可能对信息扩散的影响不同。例如，在低权重的股吧对中可能只发帖而没有回复的用户较多，因为此类股吧可能极不活跃，大部分帖子没有用户或很少有用户回复。而在高权重的股吧对中，用户较多且信息交互频繁，只发帖无回复的用户可能较少，大部分用户会通过发帖或回帖来参与信息交互。因此，有必要根据用户发帖和回帖的行为特征，将共同活跃用户 A 分为 B、C、D 三种类型，另外 C 类用户还可细分为 $C_1$ 和 $C_2$ 两种类型，具体含义如图 3.2 所示。

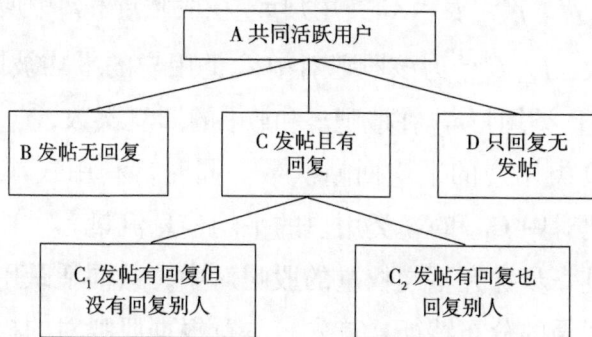

**图 3.2　共同活跃用户分类**

　　两个股吧中共同活跃用户的信息流量越多，关于股票的异质性信息可能越多，接收到此类信息的其他用户也可能越多，共同活跃用户对股吧信息扩散的促进作用越大。因此，本章以两个股吧中 C、$C_1$ 和 $C_2$ 类用户的平均被回复次数度量三类用户的平均信息流量，以 B 类用户的平均发帖数和 D 类用户的平均回复次数度量这两类用户的平均信息流量，计算公式如下

$$\overline{f\_B^{g_k,g_l}} = \frac{\sum_i^{n_B} ft\_p_{i,B}^{g_k,g_l}}{n_B} \qquad (3-7)$$

$$\overline{f\_C^{g_k,g_l}} = \frac{\sum\limits_i^{n_C} pf\_p_{i,C}^{g_k,g_l}}{n_C} \qquad (3-8)$$

$$\overline{f\_D^{g_k,g_l}} = \frac{\sum\limits_i^{n_D} hf\_p_{i,D}^{g_k,g_l}}{n_D} \qquad (3-9)$$

其中，$ft\_p_{i,B}^{g_k,g_l}$ 为同时活跃在股吧 $g_k$ 和 $g_l$ 中的 B 类用户 $p_{i,B}$ 的发帖量，$n_B$ 为 B 类用户的数量，$\overline{f\_B^{g_k,g_l}}$ 为该股吧对中 B 类用户的平均发帖量；$pf\_p_{i,C}^{g_k,g_l}$ 表示 C 类用户 $p_{i,C}$ 在股吧 $g_k$ 和 $g_l$ 中所有帖子的被回复次数，$\overline{f\_C^{g_k,g_l}}$ 为该股吧对中 C 类用户的平均被回复次数；$hf\_p_{i,D}^{g_k,g_l}$ 为 D 类用户 $p_{i,D}$ 在股吧 $g_k$ 和 $g_l$ 中的回复次数，$\overline{f\_D^{g_k,g_l}}$ 为该股吧对中 D 类用户的平均回帖次数。同时，利用式（3-8）计算任意股吧对中 $C_1$ 和 $C_2$ 类用户的平均信息流量。

为了进一步探究不同权重的股吧对中，共同活跃用户发帖或回帖时间间隔的分布特征，首先，本章根据股吧对的权重，对连边进行降序排序，并取排名在前 1% 和后 1% 的股吧对作为实验组（高权重组）和对照组（低权重组）；其次，计算实验组和对照组中 B 类用户的发帖时间间隔、C 类用户发的每个帖子的回复时间间隔和 D 类用户在每个帖子中的回复时间间隔；最后，分析各类用户行为的时间间隔分布情况。

（2）个体信息流量与股价联动。

共同活跃用户在两个股吧中产生的信息流量是衡量股吧间信息扩散程度最直接的指标，信息流量越多，说明流动在两个股吧中的信息越多，越有可能引起对应个股间的价格联动。因此，首先，本章以两个股吧中共同活跃用户在每天产生的信息流量作为信息扩散指标，包括共同活跃用户在两个股吧中的发

帖数量和回帖数量；其次，为了考察日度信息流量对股价联动
关系的影响及预测效果，需要计算对应两个股票收益率的日度
相关系数序列，本章采用 DCC – GARCH 方法（Engle，2002）；
最后，本章利用 2017 年每个交易日的截面数据进行一次回归
分析，考察基于微观个体行为的信息扩散指标对股价联动的影
响，回归模型如下

$$DCOR_{t,s_i,s_j} = \gamma_0 + \gamma_1 FLOW_{t,g_k,g_i} + \gamma_2 DHY'_{s_i,s_j} + \gamma_3 FLOW_{t,s_i,s_j} \times DHY'_{s_i,s_j}$$

$$+ \gamma_4 DMV'_{t,s_i,s_j} + \gamma_5 DP'_{t,s_i,s_j} + \varepsilon \qquad (3-10)$$

其中，$DCOR_{t,s_i,s_j}$ 为第 $t$ 天股票 $s_i$ 和 $s_j$ 对应的相关系数；$FLOW_{t,g_k,g_i}$
为当天对应两个股吧中共同活跃用户产生的信息流量；$DHY'_{s_i,s_j}$ 为
行业虚拟变量，表示股票 $s_i$ 和 $s_j$ 是否属于同行业，是则取 1，否则
取 0；$DMV'_{t,s_i,s_j}$ 为股票 $s_i$ 和 $s_j$ 的规模差异，利用式（3 – 3）采用当
天的流通市值计算；$DP'_{t,s_i,s_j}$ 为股票 $s_i$ 和 $s_j$ 的价格差异，利用
式（3 – 4）采用当天的价格计算。

　　考虑到信息流量可能对收益率序列间的相关性具有预测作
用，利用面板数据，采用如下混合回归模型，考察信息流量的预
测效果

$$DCOR_{s_i,s_j}(t) = \psi_1 + \psi_{2,m} \sum_{m=1}^{T} FLOW_{g_k,g_i}(t-m) + \psi_3 DHY'_{s_i,s_j}$$

$$+ \psi_4 DMV'_{s_i,s_j}(t) + \psi_5 DP'_{s_i,s_j}(t) + \varepsilon \qquad (3-11)$$

其中，$FLOW_{g_k,g_i}(t-m)$ 为股吧 $g_k$ 和 $g_i$ 滞后 $m$ 期的信息流量，其
他变量的定义与式（3 – 10）相同。此外，共同活跃用户的帖子
或回复还可能被其他非共同活跃用户回复，因此本章在共同活跃
用户产生的信息流量的基础上，加上这一部分非共同活跃用户产
生的信息流量来衡量由共同活跃用户引起的信息流量，记为
$FLOW'_{g_k,g_i}$，$FLOW'_{g_k,g_i}$ 更加全面地反映了共同活跃用户带来的信息

扩散效果，用其替换式（3 – 10）和式（3 – 11）中的信息流量变量，进一步考察由共同活跃用户引起的信息流量对股价联动性的影响。

## 3.3 实证结果分析

### 3.3.1 信息扩散与股价联动网络研究

中观层面的股票信息扩散与股价联动研究，有助于我们厘清互联网时代下的信息传播变革如何引起金融风险传导途径和方式的改变。首先，本章通过信息扩散网络与股价联动网络的形态和拓扑结构指标的描述性统计分析，包括网络的度、介数、网络密度、平均路径长度等，初步了解两层网络的结构。进一步地，通过两层网络相关指标的差异性检验、度分布等方法，对两层网络的一致性进行深入评价。其次，通过 QAP 和线性回归方法，定量研究股票信息扩散对股价联动关系的影响。

（1）两个网络拓扑结构指标对比。

图 3.3 给出了基于 PMFG 算法构建的个股信息扩散和股价联动网络。表 3.2 为不同算法构建的两个网络的相关拓扑结构指标，基于 PMFG 算法构建的信息扩散网络和股价联动网络在平均度、平均聚类系数和网络密度上表现出较强的一致性，在平均介数和平均路径长度上，股价联动网络稍高于信息扩散网络。但基于 MST 构建的两个网络在平均介数和平均路径长度上相差较多。此外，本章还对不同算法下两个网络节点度和节点介数进行了差异性检验。从表 3.3 中可看出，基于 PMFG 算法构建的两个网

络，仅节点度和节点介数分别在方差和中位数差异性检验上显著拒绝了原假设，其他检验均接受了原假设，即不存在差异；但基于 MST 构建的两个网络，仅节点度和节点介数分别在均值和方差差异性上接受了原假设。由此可见，基于 MST 算法构建的两个网络在网络结构上存在一定差异，原因在于 MST 算法要求新加入的边与现有的边不出现环，约束较为严格，而 PMFG 仅要求最终形成的图是平面图即可，最大限度地保留了距离网络中的有效信息（欧阳红兵等，2014）。

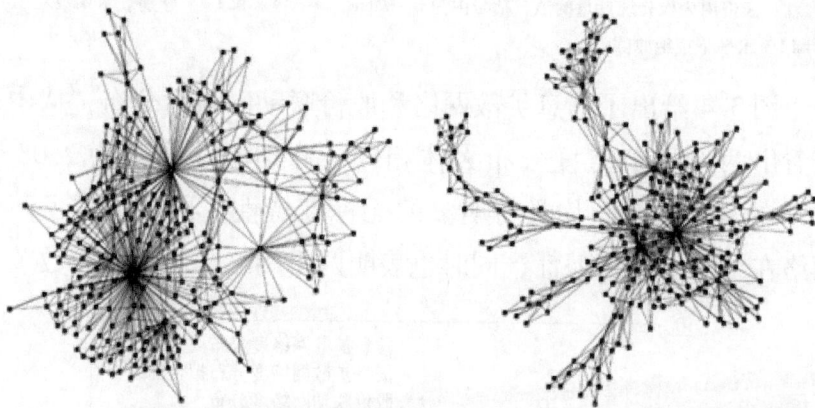

**图 3.3　个股信息扩散（左）和股价联动（右）网络**

表 3.2　　　　　　　　　　　网络拓扑结构指标对比

| 指标 | PMFG | | MST | |
| --- | --- | --- | --- | --- |
| | 信息扩散网络 | 股价联动网络 | 信息扩散网络 | 股价联动网络 |
| 平均度 | 5.955 | 5.955 | 1.993 | 1.993 |
| 平均介数 | 210.206 | 336.004 | 414.101 | 782.378 |
| 平均聚类系数 | 0.782 | 0.757 | 0.000 | 0.000 |
| 平均路径长度 | 2.580 | 3.526 | 4.114 | 6.883 |
| 网络密度 | 0.224 | 0.224 | 0.008 | 0.008 |

表 3.3　　　　　　　　　　　　　　差异性检验结果

| 指标 | PMFG | | MST | |
|---|---|---|---|---|
| | 节点度 | 节点介数 | 节点度 | 节点介数 |
| 均值差异性 | $-1.9900E-15$ | $-0.9015$ | $9.8100E-15$ | $-1.7664^*$ |
| | $(1.0000)$ | $(0.3677)$ | $(1.0000)$ | $(0.0779)$ |
| 中位数差异性 | $0.9241$ | $2.2207^{**}$ | $2.4067^{**}$ | $2.4798^{**}$ |
| | $(0.3554)$ | $(0.0264)$ | $(0.0403)$ | $(0.0131)$ |
| 方差差异性 | $2.0109^{***}$ | $1.0741$ | $4.0598^{***}$ | $1.2235$ |
| | $(0.0000)$ | $(0.5602)$ | $(0.0000)$ | $(0.1006)$ |

注：表格内为检验统计量的值，括号内为 $p-value$，$*$、$**$ 和 $***$ 分别表示系数在 10%、5% 和 1% 水平下拒绝原假设。

图 3.4 给出了信息扩散网络和股价联动网络度分布，从中可以看出两者的节点度分布大体相同，分别服从指数为 2.08 和 2.07 的幂律分布，均具有明显的无标度特性，再次验证了两个网络在结构上的相似性，同时也表明两个网络中均存在少数关键

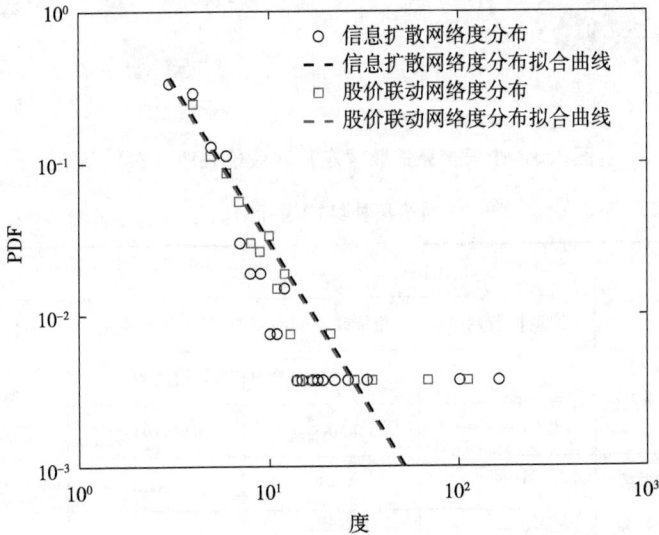

图 3.4　网络度分布

节点对网络的运行起着主导作用，这一点从图 3.3 中也可以
看出。

　　上述结论表明，信息扩散网络与股价联动网络在网络结构上
呈现出一定的相似性，股票间的信息扩散在一定程度上能够解释
股价的联动现象。

表 3.4　共同活跃用户数量矩阵与股价相关系数矩阵的 QAP 回归

| 指标 | 非标准化回归系数 | 标准化回归系数 | 显著性概率 | 概率 A | 概率 B |
|---|---|---|---|---|---|
| *Constant* | 0.3499 | 0.0000 | — | — | — |
| *STK* | 0.0001** | 0.0444** | 0.0450 | 0.0450 | 0.9560 |
| *DHY* | 0.0698*** | 0.0806*** | 0.0000 | 0.0000 | 1.0000 |
| *DMV* | − 0.0976*** | − 0.5342*** | 0.0000 | 1.0000 | 0.0000 |
| *DP* | − 0.0390*** | − 0.1061*** | 0.0000 | 1.0000 | 0.0000 |
| *DPE* | 0.0061 | 0.0163 | 0.2900 | 0.2900 | 0.7100 |
| $Adj \cdot R^2$ | 0.3240 | | 0.0000 | — | — |

注：*、**和***分别表示系数在10%、5%和1%水平下显著。

　　(2) 两个网络的定量研究。

　　采用式（3 − 2）研究信息扩散对股价联动的影响，回归结
果见表 3.4，其中概率 A 为随机置换产生的回归系数的绝对值不
小于观察到的回归系数的概率，概率 B 为随机置换产生的回归
系数的绝对值不大于观察到的回归系数的概率。从表 3.4 可以看
出，在 5% 水平下，股吧共同活跃用户数量矩阵对股票相关系数
矩阵具有显著正影响，说明股吧间的共同活跃用户越多，股票间
的价格联动效应越明显。从表 3.4 中还可以看出，在 1% 水平
下，行业关系矩阵对股票相关系数矩阵具有显著正影响，说明同
行业股票间的价格联动效应更明显；在 1% 水平下，规模差异矩
阵和价格差异矩阵对股票相关系数矩阵具有显著负影响，说明股

票间的规模和价格差异越大，股票间的联动效应越小。市盈率相似矩阵与股票相关系数矩阵正相关，但并不显著。

　　针对式（3-6），本章分别采用 MST 算法和 PMFG 算法构造的信息扩散网络中的节点度值作为自变量进行回归分析，回归结果见表 3.5。从表 3.5 中可以看出，不论是基于 MST 算法还是基于 PMFG 算法，信息扩散网络中股票的中心度对该股票与其他股票的平均相关系数均存在显著正影响，说明股票在信息扩散网络中越处于中心位置，该股票在群体联动关系中越处于主导地位。此外，流通市值和每股收益对平均相关系数存在显著负影响，说明小规模、业绩差的股票联动效应更大。基于 MST 算法时，价格对平均相关系数有显著负影响且系数较大，而基于 PMFG 算法时，价格无显著影响且系数较小，可以认为低价股的联动效应更大。市盈率与平均相关系数正相关，但并不显著。

表 3.5　　信息扩散网络中心度与股票平均相关系数的回归分析

| 指标 | Constant | DEG | MV | PRI | EPS | PE | $Adj \cdot R^2$ |
|---|---|---|---|---|---|---|---|
| MST | $2.270E-10$ <br> (0.000) | $0.774^{***}$ <br> (4.832) | $-0.371^{***}$ <br> ($-6.229$) | $-0.485^{**}$ <br> ($-2.524$) | $-0.383^{***}$ <br> ($-3.325$) | 0.021 <br> (0.418) | 0.325 |
| PMFG | $-2.960E-11$ <br> ($-0.000$) | $0.225^{**}$ <br> (2.350) | $-0.397^{***}$ <br> ($-6.297$) | 0.100 <br> (0.731) | $-0.412^{***}$ <br> ($-3.467$) | 0.012 <br> (0.219) | 0.280 |

　　注：括号内为系数的 $t$ 统计量的值，$*$、$**$ 和 $***$ 分别表示系数在 10%、5% 和 1% 水平下显著。

　　综上所述，信息扩散网络与股价联动网络存在较高的一致性，共同活跃用户数量对股票收益率序列间的相关系数存在显著正影响，这一结果验证了假设 H3.1，即两个股吧间的信息扩散越容易，对应个股间的价格联动效应越明显。进一步地，本章接下来从这些共同活跃用户的微观行为出发，考察个体信息交互对股价联动的影响。

## 3.3.2　个体行为与股价联动网络研究

对于个体行为与股价联动的研究，在上述研究的基础上，首先，本章从以下两点分析个体信息交互对股票信息扩散的影响：一方面，用户数量和用户在股吧中产生或引起的信息流量多少决定了信息扩散的广度和深度（Yang 等，2011）；另一方面，若用户在短时间内频繁发帖或回帖，则说明股吧中用户信息交互的效率较高，信息越容易在股吧间扩散。因此，有必要对用户数量、用户的信息流量特征和这些信息流的时间间隔进行分析，厘清个体信息交互如何通过促进股票信息扩散，进而影响股价联动。其次，本章以个体产生或引起的信息流量作为衡量信息扩散的指标，直接考察个体行为对股票间价格联动的影响。

（1）不同类型个体数量及其信息流量分析。

图 3.5 给出了不同权重的股吧对中，各类共同活跃用户数量趋势图。从图 3.5 中可以看出，B 类用户最少且无明显趋势，由于 B 类用户发布的帖子大多是在简单描述股票价格变动或其他与证券市场无关的信息等，信息含量较低，与宏观经济政策、市场或行业信息相关的帖子极少①，可能是导致其帖子没有回复的主要原因之一，因此对股吧间的信息流动促进作用较弱。D 类用户数量最多，其次是 C 类用户，且两者均随权重的增加而上升，C 类用户有发帖行为且其帖子也有回复，而 D 类用户在不同股吧中均有回帖行为，两者都有助于信息在不同股吧间的流动。此外，由于股吧是一种供用户交流意见的互动型在线讨论社区，回帖的用户多于

---

① 本章采用支持向量机训练分类模型将 B 类用户的所有帖子分为与宏观经济政策等信息相关和不相关两类，发现相关的帖子仅占 0.04% 左右，模型的预测准确率在 95% 左右。

发帖的用户，这可能是导致 D 类用户数量高于 C 类用户的主要原因。$C_1$ 类用户的数量稍高于 $C_2$ 类用户，两者均随权重的增加而上升。

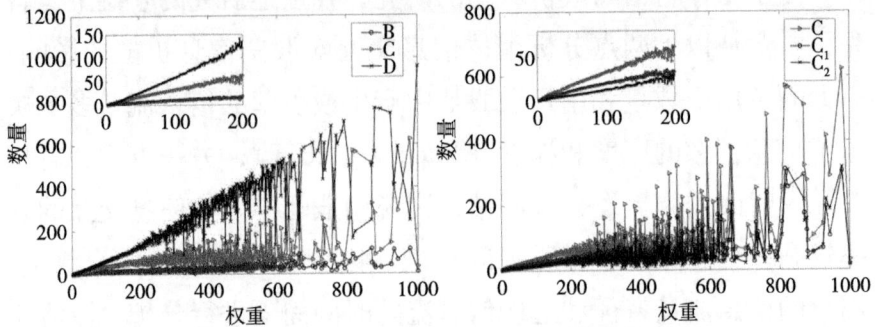

**图3.5　不同权重的股吧对中，各类共同活跃用户数量**

图 3.6 给出了不同权重的股吧对中，B 类用户的平均发帖量、C 类用户的平均被回复次数以及 D 类用户的平均回复次数走势图，这里统称为各类共同活跃用户的平均信息流量。从图 3.6 中可以看出，C 类用户的平均信息流量明显高于 B 类用户和 D 类用户，在权重大于 50 之后，存在明显的上升趋势，说明 C 类用户是促进股吧间信息流动的关键用户，并且 C 类用户在股吧中的的引起的信息流量越多，对信息流动的促进作用越强。进一步地，从图 3.6 的右图中可以看出，在不同权重的股吧对中，$C_2$ 类用户的平均信息流量均高于 $C_1$ 类用户，在权重大于 50 之后，两者均存在明显的上升趋势。与 $C_1$ 类用户的区别在于，$C_2$ 类用户不仅发帖并有回复，而且也回复了自己或其他用户的帖子，是四类用户中最为活跃的用户，对信息扩散的作用最为显著。权重小于 50 时，C 类用户、$C_1$ 类用户和 $C_2$ 类用户引起的信息流量呈现出先上升后下降的趋势，是由于不同股吧的活跃程度存在差异导致的，在剔除活跃程度差异较大股吧对后该趋势消失，并且在

利用 2016 年的股吧数据做稳健性检验时，并没有出现类似趋势。

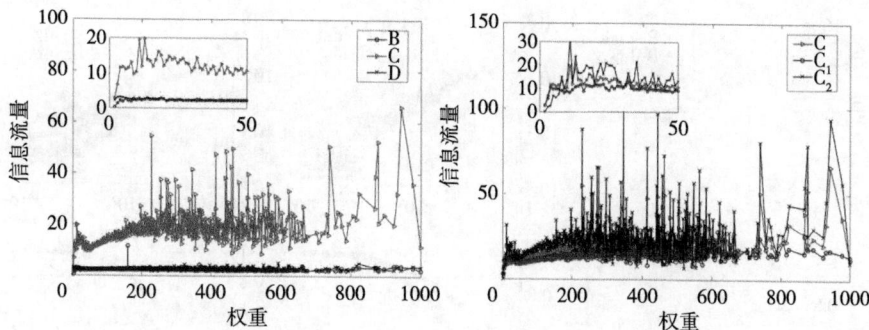

**图 3.6　不同权重的股吧对中，各类共同活跃用户的平均信息流量**

（2）个体信息流的时间间隔分布。

为了进一步探究不同权重的股吧对中，共同活跃用户发帖或回帖时间间隔的分布特征，本章首先根据股吧对的权重，对连边进行降序排序，并取排名在前 1% 和后 1% 的股吧对作为实验组（高权重组）和对照组（低权重组）。图 3.7 给出了实验组和对照组中各类用户行为的时间间隔分布情况，第一行为概率密度分布（PDF），第二行为累积概率分布（CDF）。从概率密度分布上看，间隔时间在 24 小时内，基本呈直线下降；24 小时后，C 类用户和 D 类用户行为的间隔时间分布呈波浪式下降，且相邻的波峰与波谷之间大约相差 12 个小时，这是因为用户的发帖或回帖行为大部分集中于白天，尤其是交易时段，股吧内用户的信息交互更为频繁，从而使用户行为的时间间隔呈现出周期性特征。从累积概率分布上看，高权重组中各类用户行为间隔时间的累积概率分布曲线均高于低权重组，以时间间隔小于 1 小时为例，不论是共同活跃用户的发帖时间间隔（B 类用户）还是回帖时间间隔（C 类用户和 D 类用户），实验组的概率均高于对照组，表明在共同活跃用户较多的两个股吧中，用户在短时间内发帖或回帖的概率更高，用户间的信息交互效率更高，信息扩散越快。

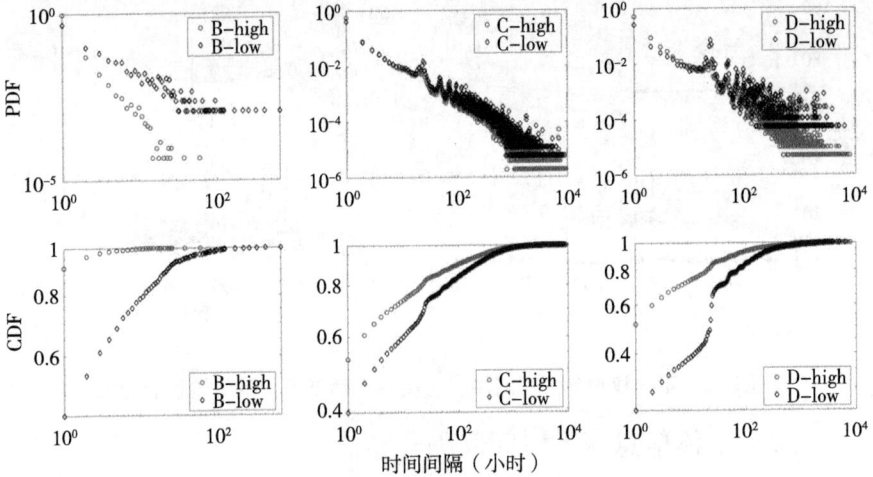

图3.7　各类共同活跃用户行为的时间间隔分布

（3）个体信息流量对股价联动的影响。

2017 年共 244 个交易日，利用式（3-10）对每个交易日的截面数据进行一次回归分析，表3.6 统计了各自变量在 244 次回归分析中，10% 水平下显著的正、负回归系数的占比。其中，模型 1 和模型 2 中的自变量是用户产生的信息流量，模型 3 和模型 4 中的自变量是用户引起的信息流量。

表3.6　式（3-10）中10%水平下显著的正、负回归系数占比

单位：%

| Panel A：共同活跃用户产生的信息流量 | | | | | |
|---|---|---|---|---|---|
| | | *FLOW* | *DHY'* | *FLOW×DHY'* | *DP'* | *DMV'* |
| 模型1 | 正 | 2.05 | 100 | 94.26 | — | — |
| | 负 | 71.31 | 0.00 | 0.00 | — | — |
| | 总和 | 73.36 | 100 | 94.26 | — | — |
| 模型2 | 正 | 27.05 | 100 | 89.75 | 2.05 | 0.00 |
| | 负 | 8.20 | 0.00 | 0.00 | 73.36 | 100 |
| | 总和 | 35.25 | 100 | 89.75 | 75.41 | 100 |

44

续表

| | | FLOW' | DHY' | FLOW'×DHY' | DP' | DMV' |
|---|---|---|---|---|---|---|
| | | | Panel B：共同活跃用户引起的信息流量 | | | |
| 模型 3 | 正 | 4.51 | 100 | 94.26 | —— | —— |
| | 负 | 72.13 | 0.00 | 0.00 | —— | —— |
| | 总和 | 76.64 | 100 | 94.26 | —— | —— |
| 模型 4 | 正 | 34.43 | 100 | 94.67 | 1.23 | 0.00 |
| | 负 | 6.56 | 0.00 | 0.00 | 79.51 | 100 |
| | 总和 | 40.99 | 100 | 94.67 | 80.74 | 100 |

　　从模型 1 的结果来看，在 244 次回归中，共同活跃用户产生的信息流量的回归系数大多显著为负，占比为 71.31%。但在模型 2 中，进一步考虑了价格差异和规模差异因素后，显著为正的比例由 2.05% 上升至 27.05%，而显著为负的比例从 71.31% 下降至 8.20%，并且信息流量与行业虚拟变量交互项的回归系数显著为正的比例高达 94.26%。上述结论表明，对同行业股票而言，信息流量对股价联动的显著正影响更明显，对于非同行业股票，这种显著正影响较弱。价格差异和规模差异对股票相关系数的影响与上述 QAP 回归的结果一致。由于共同活跃用户引起的信息流量更加全面的反映了股票间的信息扩散程度，所以相较于模型 2，模型 4 中 FLOW' 的回归系数显著为正的比例更高，显著为负的比例更低。从整体来看，信息流量与股票收益率序列间的相关系数基本呈显著正相关关系，且对同行业股票来说，这种显著的正相关关系更为明显。

　　图 3.8 给出了模型 1 和模型 2 各自变量在 244 次回归中，回归系数的概率分布。对比发现，模型 2 中信息流量的回归系数分布整体右偏，说明在控制其他影响因素后，信息流量对股票收益率序列间相关系数的显著正影响更大。在模型 1 中，信息流量与行业虚拟变量交互项系数较大的概率稍高，因为在加入控制变量

后，交互项的解释力稍有下降。行业虚拟变量与交互项类似。此外，规模差异对相关系数的影响比价格差异更大。

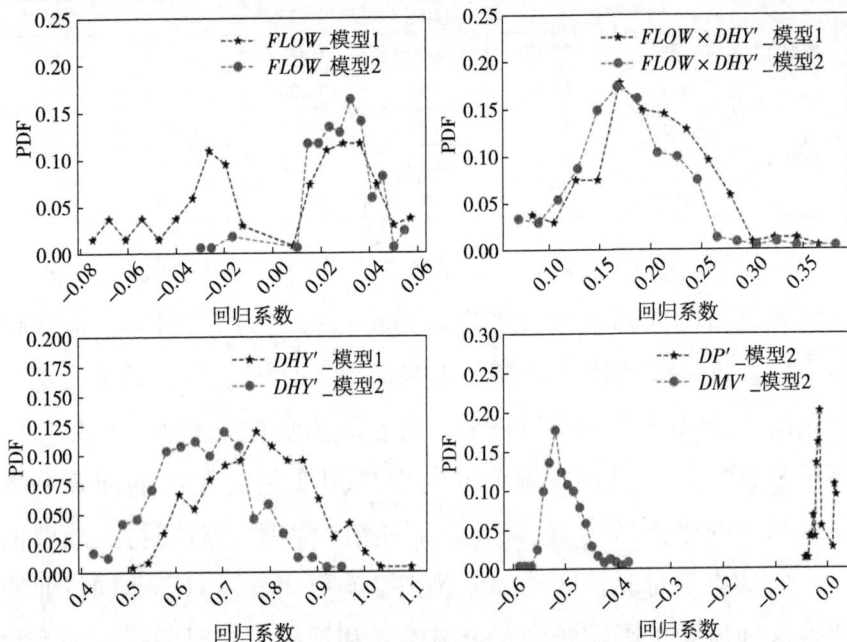

图3.8　式（3－10）中10%水平下显著的回归系数概率分布

表3.7给出了式（3－11）的回归结果，其中，Panel A 中模型5～模型8的自变量为共同活跃用户产生的信息流量的滞后项，Panel B 中模型9～模型12的自变量为共同活跃用户引起的信息流量的滞后项。从回归结果中可以看出，在 Panel A 中，模型7的拟合优度最高且各阶滞后项均显著，模型8的拟合优度有所下降且仅滞后二阶项显著，可以认为模型7为最优模型；在 Panel B 中，在滞后4阶的范围内，各滞后项的系数均在10%水平下显著，但模型11的拟合优度最高。上述结论表明，信息流量确实能够预测股价联动。此外，由于共同活跃用户引起的信息

流量更全面地反映了信息扩散程度，所以相较于模型 7，模型 11 的拟合优度更高，并且由共同活跃用户引起的信息流量在滞后四阶后依然显著为正。

综上所述，针对个体微观行为的研究结论显示，不同类型的共同活跃用户对信息扩散的促进作用不同，频繁发帖或回帖的共同活跃用户是促进股吧间信息扩散的主力军；此外，共同活跃用户在两个股吧中产生的信息流量能够预测对应股票间的相关性。结合信息扩散与股价联动网络的研究结论，上述结果表明个体信息交互能够通过促进股票信息扩散，进而影响股价联动，假设 H3.2 得证。

表 3.7　　信息流量对相关系数的预测回归

| | 模型 5 | 模型 6 | 模型 7 | 模型 8 |
|---|---|---|---|---|
| | Panel A：共同活跃用户产生的信息流量 | | | |
| $FLOW\ (t-1)$ | 0.00052*** (3.52000) | 0.00034** (3.12000) | 0.00031*** (3.01000) | 0.00011 (1.17000) |
| $FLOW\ (t-2)$ | — | 0.00033*** (3.82000) | 0.00032*** (4.49000) | 0.00050*** (5.37000) |
| $FLOW\ (t-3)$ | — | — | 0.00012* (1.79000) | 0.00008 (1.16000) |
| $FLOW\ (t-4)$ | — | — | — | 0.00006 (0.93000) |
| $DHY'$ | 0.06905*** (13.60000) | 0.06902*** (13.63000) | 0.06910*** (13.68000) | 0.06922*** (13.71000) |
| $DP'\ (t)$ | −0.01701*** (−7.91000) | −0.01686*** (−7.86000) | −0.01675*** (−7.84000) | −0.01672*** (−7.83000) |
| $DMV'\ (t)$ | −0.09982*** (−117.15000) | −0.09963*** (−117.03000) | −0.09921*** (−116.70000) | −0.09903*** (−116.44000) |
| $Constant$ | 0.35523*** (140.91000) | 0.35411*** (140.78000) | 0.35304*** (140.86000) | 0.35281*** (140.95000) |
| $Adj\cdot R^2$ | 0.25878 | 0.25956 | 0.26120 | 0.25858 |

续表

| | 模型 9 | 模型 10 | 模型 11 | 模型 12 |
|---|---|---|---|---|
| | Panel B：共同活跃用户引起的信息流量 | | | |
| $FLOW'$ $(t-1)$ | 0.00053*** (4.29000) | 0.00030*** (3.77000) | 0.00022*** (3.48000) | 0.00017*** (3.16000) |
| $FLOW'$ $(t-2)$ | — | 0.00035*** (4.55000) | 0.00020*** (3.94000) | 0.00015*** (3.74000) |
| $FLOW'$ $(t-3)$ | — | — | 0.00030*** (4.87000) | 0.00018*** (4.28000) |
| $FLOW'$ $(t-4)$ | — | — | — | 0.00027*** (5.06000) |
| $DHY'$ | 0.06870*** (13.59000) | 0.06851*** (13.56000) | 0.06839*** (13.55000) | 0.06830*** (13.54000) |
| $DP'$ $(t)$ | −0.01707*** (−7.95000) | −0.01707*** (−7.95000) | −0.01706*** (−7.94000) | −0.01705*** (−7.94000) |
| $DMV'$ $(t)$ | −0.09978*** (−117.18000) | −0.09985*** (−117.05000) | −0.09989*** (−116.94000) | −0.09993*** (−116.84000) |
| $Constant$ | 0.35474*** (140.92000) | 0.35463*** (140.82000) | 0.35456*** (140.74000) | 0.35452*** (141.68000) |
| $Adj \cdot R^2$ | 0.25812 | 0.25962 | 0.26178 | 0.25811 |

注：括号内为系数的 $t$ 统计量的值，*、**和***分别表示系数在10%、5%和1%水平下显著。

## 3.4 稳健性检验

### 3.4.1 内生性问题

鉴于信息扩散与股价联动的关系存在一定的内生性问题，即股票价格波动可能会影响共同活跃用户的发帖或回帖行为，从而影响股吧间的信息扩散。因此，本书采用两阶段最小二乘法

（2SLS）对两者的关系进行进一步考察。参考何贤杰和王孝钰等（2018）的方法，本章选取共同活跃用户的吧龄，即用户的网站注册时长，来考察用户特征对信息扩散的影响。用户吧龄与股价波动无关，且吧龄越长，作为股吧的老用户，其对信息扩散的促进作用可能越强，是解决内生性问题较好的工具变量（周静、沈俏蔚和涂平等，2019）。因此，本章在 2SLS 的第一阶段采用式（3 – 12）进行回归，第二阶段采用表 3.7 中的模型 5 探究第一阶段拟合值对股价联动的影响，回归模型如下

$$FLOW_{g_k,g_l}(t-1) = \omega_1 + \omega_2\, CY_{g_k,g_i} + \varphi_3\, DHY'_{s_i,s_j} + \omega_4\, DMV'_{s_i,s_j}(t)$$
$$+ \omega_5\, DP'_{s_i,s_j}(t) + \varepsilon \qquad (3-12)$$

$$DCOR_{s_i,s_j}(t) = \psi_1 + \psi_2\, \widehat{FLOW}_{g_k,g_l}(t-1) + \psi_3\, DHY'_{s_i,s_j}$$
$$+ \psi_4\, DMV'_{s_i,s_j}(t) + \psi_5\, DP'_{s_i,s_j}(t) + \varepsilon \qquad (3-13)$$

其中，$CY_{g_k,g_i}$ 为股吧 $g_k$ 和 $g_l$ 共同活跃用户的平均吧龄，$\widehat{FLOW}_{g_k,g_l}$（$t-1$）为式（3 – 12）的拟合值，控制变量与式（3 – 11）中的相同。

表 3.8 报告了考虑内生性问题后共同活跃用户产生的信息流量对股价联动的影响，从第一阶段的回归结果中可以看出，在 1% 的水平下，吧龄（CY）与信息流量显著正相关，说明共同活跃用户的吧龄越长，对信息扩散的促进作用越强。第二阶段的回归结果显示，在考虑内生性问题后，滞后一阶的信息流量对相关系数仍然存在显著的正影响，说明共同活跃用户产生的信息流量能够预测股票收益率序列间的相关系数，并且在考虑内生性问题后结果依然稳健。此外，本章还分别考察了滞后二阶和三阶信息流量，在考虑内生性问题后，对相关系数的影响，结论依然稳健。

表 3.8　　　　　　信息流量对相关系数的预测回归（2SLS）

| | STAGE1<br>FLOW $(t-1)$ | STAGE2<br>DCOR $(t)$ |
|---|---|---|
| $\widehat{FLOW}\,(t-1)$ | — | 0.0015***<br>(4.2200) |
| CY | 0.5025***<br>(87.7700) | — |
| DHY' | 1.0889***<br>(68.6300) | 0.0679***<br>(117.9400) |
| DP' $(t)$ | 0.1147***<br>(14.2100) | 0.0171***<br>( −94.8400) |
| DMV' $(t)$ | 0.3533***<br>(122.7200) | − 0.1002***<br>( −641.2700) |
| Constant | 1.4681***<br>( −57.7200) | 0.3547***<br>(1287.1200) |
| $Adj \cdot R^2$ | 0.0100 | 0.2574 |

注：括号内为系数的 $t$ 统计量的值，*、** 和 *** 分别表示系数在 10%、5% 和 1% 水平下显著。

## 3.4.2　样本股筛选

由于在样本股的筛选过程中进行了随机抽样，可能导致实证结果存在一定的偶然性，为避免该问题，本章按照 3.3.1 节中的抽样过程进行多次取样，并根据新样本对本书的主要结论再次进行验证。表 3.9 给出了样本 1~样本 5 关于式（3 − 2）的回归结果，其中样本 1 为上述 267 只样本股，样本 2 和样本 3 均为重新随机抽样获取。另外，考虑到市值对结果的影响，本章还从小市值组和高市值组分别随机抽取 100 只股票，组成样本 4 和样本 5。从表 3.9 中可以看出，样本 2 和样本 3 的回归结果与样本 1 基本一致，共同活跃用户数量矩阵在 5% 的水平下依然显著为正。在样本 4 中，共同活跃用户数量矩阵不显著，而样本 5 中该变量在 1% 的水平下显著为正且系数较大。表 3.10 为各个样本关于模型 7 的回归结果，结果显示，样本 2 和样本 3 的回归结果依然与样本 1 基本一致。另外，共同活跃用户产生的信息流量的各阶滞后项在样本 4 中均不显著，而在样本 5 中均显著为正且系数较大。

表 3.9　　　　　共同活跃用户数量矩阵与

股价相关系数矩阵的 QAP 回归（重新抽样）

|  | 随机抽样 | | | 小市值 | 高市值 |
|---|---|---|---|---|---|
|  | 样本 1 | 样本 2 | 样本 3 | 样本 4 | 样本 5 |
| STK | 0.0444** | 0.0441** | 0.0497** | − 0.0574 | 0.0970*** |
| DHY | 0.0806*** | 0.0605** | 0.0523** | − 0.0158 | 0.1542*** |
| DMV | − 0.5342*** | − 0.4914*** | − 0.4935*** | − 0.1179*** | − 0.3758*** |
| DP | − 0.1061*** | − 0.0870*** | − 0.0840*** | − 0.2158*** | − 0.0923*** |
| DPE | 0.0163 | 0.0187 | 0.0278 | 0.0283 | 0.0521* |
| $R^2$ | 0.3240 | 0.2710 | 0.2720 | 0.0670 | 0.2030 |
| 样本数 | 267.0000 | 241.0000 | 271.0000 | 100.0000 | 100.0000 |

注：表格内为标准化回归系数，* 、* * 和 * * * 分别表示系数在 10%、5% 和 1% 水平下显著。

表 3.10　　　信息流量对相关系数的预测回归（重新抽样）

|  | 随机抽样 | | | 小市值 | 高市值 |
|---|---|---|---|---|---|
|  | 样本 1 | 样本 2 | 样本 3 | 样本 4 | 样本 5 |
| FLOW $(t-1)$ | 0.00031*** | 0.00028*** | 0.00023*** | 0.00020 | 0.00048*** |
|  | (3.01000) | (3.26000) | (3.12000) | ( − 1.65000) | (3.58000) |
| FLOW $(t-2)$ | 0.00032*** | 0.00024*** | 0.00029*** | 0.00003 | 0.00036*** |
|  | (4.49000) | (4.01000) | (4.27000) | (0.68000) | (4.05000) |
| FLOW $(t-3)$ | 0.00012* | 0.00012** | 0.00013** | 0.00003 | 0.00023*** |
|  | (1.79000) | (2.05000) | (2.16000) | (0.46000) | (25.19000) |
| DHY′ | 0.06910*** | 0.02960*** | 0.02500*** | − 0.00990** | 0.05811*** |
|  | (13.68000) | (14.94000) | (14.66000) | ( − 2.22000) | (109.0100) |

续表

| | 随机抽样 | | | 小市值 | 高市值 |
|---|---|---|---|---|---|
| | 样本 1 | 样本 2 | 样本 3 | 样本 4 | 样本 5 |
| $DP'$ $(t)$ | −0.01675*** | −0.03130*** | −0.03047*** | −0.07610*** | −0.02434*** |
| | (−7.84000) | (−21.41000) | (−22.64000) | (−16.76000) | (−78.34000) |
| $DMV'$ $(t)$ | −0.09921*** | −0.08395*** | −0.08439*** | −0.11527*** | −0.06257*** |
| | (−116.70000) | (−99.20000) | (−113.15000) | (−18.29000) | (−246.18000) |
| $Constant$ | 0.35304*** | 0.32631*** | 0.33427*** | 0.42527*** | 0.22829*** |
| | (140.86000) | (198.29000) | (225.15000) | (109.53000) | (509.7200) |
| $Adj \cdot R^2$ | 0.26120 | 0.24500 | 0.24090 | 0.06190 | 0.17360 |

注：括号内为系数的 $t$ 统计量的值，＊、＊＊和＊＊＊分别表示系数在10%、5%和1%水平下显著。

小市值和高市值股票的结果存在差异的可能原因在于，宏观或市场环境往往会对股吧用户的信息交互行为产生影响，加速股票信息扩散，且与小市值股票相比，高市值股票受宏观或市场环境的影响更大（周冬华等，2016；赵汝为等，2019）。为了分析在剔除宏观或市场环境等因素的影响后，信息扩散对小市值和高市值股票价格联动的影响，本章采用五因子模型的残差计算相关系数矩阵和日度动态相关系数（Fama 等，2015；Li 等，2019），并对上述结果再次进行验证。结果显示，剔除后样本4与样本5的结果基本一致，共同活跃用户数量矩阵均在1%的水平下显著为正，共同活跃用户产生的信息流量的各阶滞后项也都显著为正。综上所述，可以认为主要结论在重新筛选样本的情况下，依然是稳健的。

### 3.4.3　样本区间

鉴于本章仅采用2017年股吧数据进行研究，为了确保样本区间对本章研究结论的稳健性没有影响，采用2016年股吧用户数据对本章的主要结论再次进行验证。同时，考虑2016年中国股市波动较大，为避免市场整体环境对本章主要结论的影响，在计算股票相关系数矩阵和动态相关系数序列前，将市场整体因素从股票收益率序列中剔除，剔除方法如下：

$$RET_{t,s_i} = \theta_0 + \theta_1 RET_{t,index} + \varepsilon_{t,s_i} \qquad (3-14)$$

其中，$RET_{t,s_i}$ 为股票 $s_i$ 的对数收益率，$RET_{t,index}$ 为上证指数的对数收益率，残差 $\varepsilon_{t,s_i}$ 为股票 $s_i$ 不含市场波动影响的收益率序列，相关系数矩阵和动态相关系数等均基于残差序列计算。

　　表 3.11 给出了式（3-2）的回归结果，结果显示股吧共同活跃用户数量矩阵的系数略有下降，但对股票相关系数矩阵依然存在显著正影响，行业虚拟变量、规模差异和价格差异对相关系数的影响依旧不变，而且此时市盈率相似矩阵的系数由不显著变为在 5% 的水平下显著为正，说明股票间的市盈率越接近，股票间联动效应越大。图 3.9 为 2016 年股吧中各类共同活跃用户的平均信息流量，C 类用户的平均信息流量依然最高且随权重的增加而增加。此外，在权重较小时，C 类用户、$C_1$ 类用户和 $C_2$ 类用户的平均信息流量并没有出现先上升后下降的趋势。表 3.12 给出了式（3-11）的回归结果，相较于表 3.7 中 Panel A 的结果，滞后一期至滞后四期的信息流量系数和显著性水平均有所提高，再次说明共同

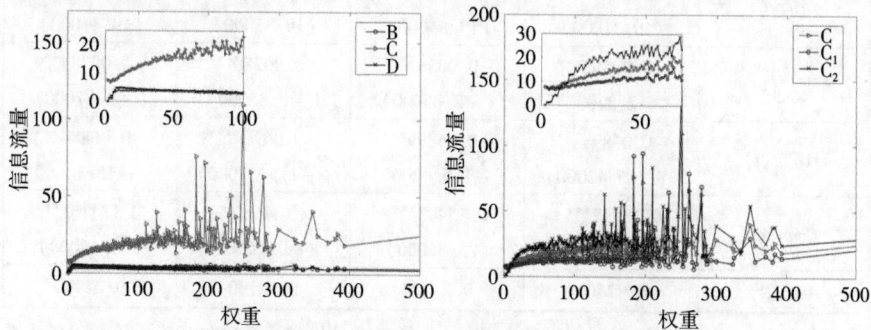

图 3.9　不同权重的股吧中各类共同活跃用户的平均信息流量（2016 年）

活跃用户产生的信息流量能够预测股票收益率序列间的相关系数。

表 3.11 共同活跃用户数量矩阵与
股价相关系数矩阵的 QAP 回归（2016 年）

| | 非标准化回归系数 | 标准化回归系数 | 显著性概率 | 概率 A | 概率 B |
|---|---|---|---|---|---|
| Constant | 0.1321 | 0.0000 | — | — | — |
| STK | 0.0001* | 0.0276* | 0.0650 | 0.0650 | 0.9360 |
| DHY | 0.0687*** | 0.1058*** | 0.0000 | 0.0000 | 1.0000 |
| DMV | −0.0630*** | −0.4823*** | 0.0000 | 1.0000 | 0.0000 |
| DP | −0.0277** | −0.1180*** | 0.0000 | 1.0000 | 0.0000 |
| DPE | 0.0131** | 0.0425** | 0.0180 | 0.0180 | 0.9820 |
| $Adj \cdot R^2$ | 0.2850 | | 0.0000 | | |

注：*、** 和 *** 分别表示系数在 10%、5% 和 1% 水平下显著。

表 3.12 信息流量对相关系数的预测回归（2016 年）

| | 模型 13 | 模型 14 | 模型 15 | 模型 16 |
|---|---|---|---|---|
| FLOW (t−1) | 0.00113*** (6.60000) | 0.00060*** (5.75000) | 0.00031*** (3.64000) | 0.00019** (2.48000) |
| FLOW (t−2) | — | 0.00086*** (7.83000) | 0.00057*** (7.99000) | 0.00031*** (4.10000) |
| FLOW (t−3) | — | — | 0.00079*** (8.42000) | 0.00063*** (8.22000) |
| FLOW (t−4) | — | — | — | 0.00067*** (7.14000) |
| DHY' | 0.07314*** (19.31000) | 0.07282*** (19.34000) | 0.07274*** (19.35000) | 0.07251*** (19.41000) |
| DP' (t) | −0.00382*** (−2.83000) | −0.00384*** (−2.85000) | −0.00380*** (−2.82000) | −0.00384*** (−2.87000) |
| DMV' (t) | −0.06894*** (−115.42000) | −0.06899*** (−115.42000) | −0.06909*** (−115.37000) | −0.06884*** (−115.13000) |
| Constant | 0.13517*** (83.78000) | 0.13483*** (83.56000) | 0.13466*** (83.40000) | 0.13418*** (83.44000) |
| $Adj \cdot R^2$ | 0.22500 | 0.22700 | 0.22700 | 0.22900 |

注：括号内为系数的 t 统计量的值，*、** 和 *** 分别表示系数在 10%、5% 和 1% 水平下显著。

54

### 3.4.4　解释变量

虽然针对式（3－2）的回归结果已表明，股吧间的共同活跃用户数量越多，股价的联动效应越明显，但可能会存在如下的情况：股吧间共同活跃用户数量较多，但是这些共同活跃用户产生的信息流量较少，对股吧间信息扩散的促进作用较弱。为了避免此类状况对回归结果造成影响，本章统计了任意股吧对的共同活跃用户在 2017 年产生的所有信息流量，包括此类用户在两个股吧中的发帖和回帖数量，构成共同活跃用户信息流量矩阵（*CFW*），替代共同活跃用户数量矩阵，进一步对本章的假设 H3.1 进行验证。表 3.13 可以看出，共同活跃用户信息流量矩阵在 5% 的水平下显著为正，其他控制变量的显著性水平和系数正负依然保持不变。此外，上述结论在利用 2016 年数据再次验证后，依然稳健。

表 3.13　　　　　　共同活跃用户信息流量矩阵与
股价相关系数矩阵的 QAP 回归

| | 非标准化回归系数 | 标准化回归系数 | 显著性水平 | 概率 A | 概率 B |
|---|---|---|---|---|---|
| *Constant* | 0.2070 | 0.0000 | — | — | — |
| *CFW* | 0.0000** | 0.0287** | 0.0330 | 0.0330 | 0.9670 |
| *DHY* | 0.0865*** | 0.1011*** | 0.0000 | 0.0000 | 1.0000 |
| *DMV* | − 0.1006*** | − 0.5579*** | 0.0000 | 1.0000 | 0.0000 |
| *DP* | − 0.0256*** | − 0.0861*** | 0.0000 | 1.0000 | 0.0000 |
| *DPE* | 0.0004 | 0.0011 | 0.4690 | 0.4690 | 0.5310 |
| $Adj \cdot R^2$ | 0.2850 | | 0.0000 | — | — |

### 3.4.5　其他控制变量

本章在控制行业关系、价格差异、规模差异和市盈率差异的基础上，还考虑了两个股票动态相关系数的滞后一期、地域关系、财务杠杆比率差异、是否为指数成分股和超额交易量相关性等因素，进一步验证本章的主要结论。此外，在信息流量对相关系数的预测回归中，本章还控制了信息流的情感倾向，社交媒体情绪是影响股票市场的重要因素之一（部慧等，2018），共同活跃用户在两个股吧中呈现出不同的情感倾向，可能会导致对应个股的价格反方向变动，从而影响股价联动。因此，本章计算了共同活跃用户在两个股吧中的情感倾向差异指标，计算方法如下：

$$STI_{t,g_k} = \frac{POS_{t,g_k} - NEG_{t,g_k}}{POS_{t,g_k} + NEG_{t,g_k}} \qquad (3-15)$$

$$STID'_{t,g_k,g_l} = |\, STI_{t,g_k} - STI_{t,g_l}\,| \qquad (3-16)$$

其中，$POS_{t,g_k}$ 代表第 $t$ 天股吧 $g_k$ 中共同活跃用户的积极情绪，为共同活跃用户产生的信息流中的正向词汇数量；$NEG_{t,g_k}$ 为负向词汇数量，代表共同活跃用户的消极情绪；看涨指标 $STI_{t,g_k}$ 介于 $-1$ 和 $1$ 之间，代表共同活跃用户的相对看涨程度（Antweiler 等，2004）；情感倾向差异 $STID'_{t,g_k,g_l}$ 的计算方法参考 Anton 等（2014）对控制变量的处理，该指标越大，对应个股的相关系数可能越低。正、负词汇统计基于 Python 的 Jieba 中文分词模块，本章在原有词典的基础上加入招金词酷，该词库由招商证券金融工程研究团队构建，其中包括社交网络、交易所、调研平台、财经媒体、《人民日报》和微信公众号等常用词汇，有助于提高分词的准确性。

$DLOC$ 为股票地域关系矩阵，其元素取值为 1 或 0，1 表示股票 $s_i$ 和 $s_j$ 的注册地为同一省份，否则不属于同一省份；$DLIS$ 为股票指数成分股关系矩阵，其元素取值为 1 或 0，1 表示股票 $s_i$ 和 $s_j$ 均为上证 180 成分股，否则非同为上证 180 成分股；$DLEV$ 为财务杠杆比率差异矩阵，财务杠杆比率为当年长期负债占总资产的比率，DLEV 元素取值为股票 $s_i$ 和 $s_j$ 财务杠杆比率之差的绝对值（Anton 等，2014）；DVOL 为超额交易量相关系数矩阵，超额交易量计算参考 Landsman 等（2010），股票超额交易量相关系数矩阵采用 2017 年日度序列的皮尔逊相关系数，股票超额交易量序列间的动态相关系数采用 DCC – GARCH 方法计算。

表 3.14　　　　　　　　共同活跃用户数量矩阵

与股价相关系数矩阵的 QAP 回归（增加控制变量）

| | 非标准化回归系数 | 标准化回归系数 | 显著性水平 | 概率 A | 概率 B |
|---|---|---|---|---|---|
| Constant | 0.3740 | 0.0000 | — | — | — |
| STK | 0.0001* | 0.0322* | 0.0840 | 0.0840 | 0.9160 |
| DHY | 0.0433*** | 0.0500*** | 0.0000 | 1.0000 | 0.0000 |
| DMV | −0.0565*** | −0.3096*** | 0.0000 | 1.0000 | 0.0000 |
| D | −0.0257*** | −0.0853*** | 0.0010 | 0.9990 | 0.0010 |
| DPE | 0.0079 | 0.0209 | 0.1970 | 0.1970 | 0.8030 |
| DVOL | 0.2900*** | 0.2800*** | 0.0000 | 0.0000 | 1.0000 |
| DLEV | −0.0721** | −0.0467*** | 0.0600 | 0.9400 | 0.0600 |
| DLIS | 0.1207*** | 0.3083*** | 0.0000 | 0.0000 | 1.0000 |
| DLOC | 0.0033 | 0.0049 | 0.3160 | 0.3160 | 0.6840 |
| $Adj \cdot R^2$ | 0.4520 | | 0.0000 | — | — |

注：*、** 和 *** 分别表示系数在 10%、5% 和 1% 水平下显著。

从表 3.14 中可以看出，在进一步控制地域关系、财务杠杆比率差异、是否为指数成分股和超额交易量相关性等因素后，共同活跃用户数量矩阵依然在 10% 水平下对股票相关系数矩阵存在显著正影响，模型的解释力从 0.342 上升至 0.452。从表 3.14 中还可以看出，超额交易量序列间的相关系数对股价相关系数存在显著正影响，与 Landsman 等（2010）的结论一致；财务杠杆差异的系数显著为负,表明上市公司间的财务杠杆差异越大,股价间的联动效应越不明显;*DLIS* 的系数显著为正,说明指数成分股之间的联动效应更强;股票间的地域关系对股价联动效应存在正影响,但不显著。此外,在以共同活跃用户的信息流量矩阵(*CFW*)为核心解释变量时,上述结论依然稳健。表 3.15 为控制所有因素后,包括滞后一期动态相关系数和共同活跃用户的情感倾向差异,共同活跃用户产生的信息流量对股价动态相关系数的回归结果,在 1% 显著性水平下,滞后二期的信息流量对股价动态相关系数依然存在显著正影响且比较稳定。情感倾向差异在 1% 的水平下显著为负,说明共同活跃用户在两个股吧中的情绪差异越大,对应个股的相关系数越低,同时也表明社交媒体的情绪确实对股票市场存在影响(部慧、解峥和李佳鸿,2018)。

表 3.15　　　信息流量对相关系数的预测回归(增加控制变量)

| | 模型 17 | 模型 18 | 模型 19 | 模型 20 |
|---|---|---|---|---|
| $COR(t)$ | 0.95033*** (1014.33000) | 0.94661*** (955.09000) | 0.94906*** (1020.08000) | 0.95011*** (989.69000) |
| $FLOW(t-1)$ | −0.00001 (−0.07000) | −0.00004*** (−2.84000) | −0.00004*** (−3.74000) | −0.00006*** (−3.30000) |
| $FLOW(t-2)$ | — | 0.00007*** (6.45000) | 0.00005*** (4.29000) | 0.00007*** (4.38000) |
| $FLOW(t-3)$ | — | — | 0.00001 (1.42000) | 0.00002 (0.91000) |
| $FLOW(t-4)$ | — | — | — | −0.00004** (−2.00000) |
| $STID'(t)$ | −0.00083*** (−11.38000) | −0.00032*** (−3.96000) | −0.00079*** (−8.00000) | −0.00098*** (−6.92000) |
| $DHY'$ | 0.00303*** (12.17000) | 0.00344*** (12.84000) | 0.00325*** (11.91000) | 0.00303*** (9.79000) |

续表

| | 模型 17 | 模型 18 | 模型 19 | 模型 20 |
|---|---|---|---|---|
| $DP'\ (t)$ | -0.00079*** <br> (-7.31000) | -0.00079*** <br> (-6.93000) | -0.00083*** <br> (-7.30000) | -0.00097*** <br> (-6.83000) |
| $DMV'\ (t)$ | -0.00311*** <br> (-39.49000) | -0.00307*** <br> (-37.30000) | -0.00288*** <br> (-35.05000) | -0.00290*** <br> (-30.00000) |
| $VOL\ (t)$ | 0.00477*** <br> (45.63000) | 0.00525*** <br> (44.77000) | 0.00482*** <br> (40.51000) | 0.00455*** <br> (29.06000) |
| $LEV$ | -0.00406*** <br> (-10.38000) | -0.00515*** <br> (-12.31000) | -0.00400*** <br> (-9.43000) | -0.00344*** <br> (-6.58000) |
| $LIS$ | 0.00573*** <br> (33.71000) | 0.00556*** <br> (31.66000) | 0.00459*** <br> (27.29000) | 0.00490*** <br> (25.25000) |
| $LOC$ | 0.00026 <br> (1.45000) | 0.00038** <br> (2.05000) | 0.00036* <br> (1.88000) | -0.00004 <br> (-0.17000) |
| $Constant$ | 0.01199*** <br> (41.69000) | 0.01173*** <br> (39.09000) | 0.01203*** <br> (39.78000) | 0.01227*** <br> (35.48000) |
| $Adj \cdot R^2$ | 0.93500 | 0.94200 | 0.94300 | 0.93800 |

注：括号内为系数的 $t$ 统计量的值，*、** 和 *** 分别表示系数在 10%、5% 和 1% 水平下显著。

## 3.5　本章小结

本章采用东方财富网股吧用户数据，考察互联网信息扩散对股价联动性的影响，并进一步深入微观个体信息交互层面，探究个体信息交互如何通过促进信息扩散进而影响股价联动。通过网络拓扑结构指标的对比研究，发现基于个体信息交互行为的信息扩散网络与股价联动网络在网络结构上呈现出一定的相似性。定量研究结果表明，同时活跃在两个股吧间的用户数量对股票收益率序列间的相关系数存在显著正影响，说明信息扩散越容易，对应个股间的价格联动效应越明显；信息扩散网络中股票的中心度对该股票与其他股票的平均相关系数存在显著正影响，说明股票在信息扩散网络中越处于中心位置，该股票在群体联动关系中越处于主导地位。进一步地，基于微观个体信息交互行为的研究表明，不同类型的共同活跃用户对股吧间信息扩散的促进作用不同，频繁发帖或回帖的共同活跃用户是促进股吧间信息扩散的主力军；此外，共同活跃用户产生的或引起的信息流量对股票收益率序列间的相关系数存在显著正影响，并具有预测作用。上述结论表明，个体信息交互能够通过促进股票信息扩散，进而影响股价联动，并且这些结论在考虑内生性问题、样本选择、样本区间、解释变量和其他控制变量的影响后，依然稳健。

本章的研究结论揭示了互联网平台的发展给投资者带来的信息交互、资源交换的便利，这种便利促进了信息在不同股票间的扩散，并最终通过交易影响资本市场。与现有文献相比，本书的研究深入社交媒体上个体的信息交互行为，探究信息扩散对股价联动的影响，从更加微观的层面解释了金融资产行为的根本原因，不仅是对风险传导影响因素的重要补充，也是对有效信息理论和社会嵌入理论的重要拓展。

本章的研究结果有助于深化对股票市场风险传导根本原因的认识，对监管层加强股票市场风险管理有一定的借鉴意义。例如，监管层可以重点监控互联网社交媒体平台中的关键用户，如本书中在短时间内大量、频繁发帖或回帖的 $C_2$ 类用户，以防止虚假信息等通过此类用户加速扩散。监管层还可以依据股吧信息流量的预测作用，重点监控有异常信息流量的股吧，防止个股风险通过信息扩散网络蔓延，从而导致股价大范围、快速联动。当然，本书的研究还有值得深入的地方，例如利用投资者真实交易数据，分析个体信息交互行为对投资者交易决策的影响，厘清互联网信息扩散影响股市风险传导的渠道、机制；探究不同市值股票对应的股吧中市场、行业和公司特征等各类信息的占比差异，以及不同类型信息的扩散对不同市值股票的价格联动的影响是否存在差别。

# 第4章 股吧异质性信息扩散
## 对股价联动的影响及其机制研究

随着行为金融学理论的发展，已有研究从机构投资者的交易行为（Anton 等，2014；Li 等，2019）和董事等市场参与者的社会关系（陆贤伟等，2013）出发，解释经济基本面因素无法回答的股价过度联动异象（Pindyck 等，1993）。此外，在市场情绪的驱使下，众多个体投资者的趋同交易也会加剧股票价格间的过度联动（Kumar 等，2006），尤其在以个体投资者为主导的中国市场上，这一现象可能更加明显。但是，上述文献对影响股价联动的根本原因涉及较少，即个体投资者行为的影响因素。近年来，社交媒体平台的迅猛发展极大地降低了个体投资者获取和交互信息的成本（Blankespoor 等，2014）。大量文献开始从社交媒体文本信息内容中挖掘影响投资者行为的因素，并考察其对股价联动或股价波动的影响（李冰娜等，2016；Steven 等，2018）。但是，上述研究并没有考虑到社交媒体上异质性信息的扩散对股价联动的影响差异，且对异质性信息扩散影响股价联动的机制缺乏深入分析。

本章采用东方财富网股吧用户数据，通过人工标注加机器学习的方法，将股吧信息分为公司特质信息和市场行业信息，考察两类异质性信息的扩散对个体投资者交易行为和股价联动的影响，发现相较于市场行业信息，公司特质信息的扩散更容易导致个体投资者的趋同交易和股票价格的过度联动。在此基础上，通过进一步探究交易行为对股价联动的影响，发现中国市场上个体投资者的趋同交易同样会引起股票价格间的联动现象。最后，中介效应检验的结果表明，在股吧异质性信息扩散影响股价联动的过程中，个体投资者的交易行为能够起到中介作用。

## 4.1　理论分析与研究假设

有效市场假说理论认为，资产的市场价格可以快速、充分地反映出所有与资产相关的信息，主张从宏观市场运行情况中寻找可以解释股价联动现象的因素（余秋玲等，2014）。但行为金融学理论的相关研究认为，股价的过度联动不能被宏观经济等基本面因素完全解释（肖奇等，2021）。因此，学术界开始从投资者交易行为的角度出发，探索股价联动的影响因素。

基于投资者交易行为的股价联动研究，学者从不同的角度给出了不同的解释。利用交易数据，Kumar 等（2006）实证研究发现，个体投资者主导型的股价联动可以通过其交易行为来解释。从其他市场参与者行为的角度出发，李增泉等（2011）从上市公司关联交易的角度出发，发现依赖关系进行交易的上市公司，其股价中的公司特质信息更少，股价同步性更高。Anton 等（2014）指出，基金共同的持股关系能够预测股票间的协方差。类似的研究还包括大股东联结关系、董事联结关系、上市公司交叉持股关系、基金持股关系和机构投资者持股比例等，对股价联动的影响（马丽莎等，2014；袁军等，2017）。也有文献对比了不同类型投资者的交易行为对股价关联的影响，包括个体投资者、基金和 QFII（Li 等，2019），以及知情投资者和非知情投资者（曹嘛等，2021）。上述研究基于不同市场参与者的交易行为，对股价联动进行了详细解释，但从社交媒体信息扩散的视角出发，分析信息扩散对投资者交易行为的影响，探究股价联动根本原因的文献较少。

近年来，随着计算机和互联网通信技术的快速发展，社交媒体平台开始成为投资者交流信息的重要媒介。学者也开始从社交媒体的文本信息中挖掘能够影响资产价格行为的因素，Preis 等（2013）以谷歌搜索引擎上关键词的搜索量衡量投资者关注度，研究投资者行为对市场的影响。冯旭南等（2014）认为，证券分析师作为信息中介，造成了公司信息向同行业其他公司的溢出，从而导致了股价联动。周冬华等（2016）认为，上市公司在社交媒体上发布的信息数量越多，投资者能接收到的异质性信息越多，对股价同步性的影响越大。部慧等（2018）以股评内容和关注程度构建情绪指标，发现投资者情绪对收益率、交易量和波动性均无预测能力，但存在当期影响，类似的研究还包括朱孟楠等（2020）和李翔等（2021）。此类研究多从理论上探讨了社交媒体信息对投资者交易行为的影响，缺乏实证证据，且对社交媒体信息影响资产价格行为的中间过程缺乏深入探究。此外，上述研究忽略了社交媒体异质性信息的扩散对股价过度联动的影响。

事实上，社交媒体上不同类型信息的扩散，可能会对个体投资者的交易行为产生异质性的影响，进而引起股价联动。从"羊群效应"理论出发，社交媒体的信息交互功能为投资者观察他人行为获取私有信息以期改善决策提供了便利，实现了投资者对先行者决策行为的模仿跟随，容易导致"信息瀑布"进而产生"羊群效应"（郑瑶等，2016），当这种"羊群行为"表现在多只股票的交易上时，就可能会加剧股价的联动性（Li 等，2019）。此外，有限关注理论认为，投资者的注意力是认知过程中的一种稀缺资源，其在市场行业信息和公司特质信息之间存在动态分配（王晓宇等，2021）。当不同类型的信息在股吧间扩散时，由于投资者会选择性的配置注意力，可能会导致不同类型信息扩散对其交易行为产生不同的影响，进而对股价联动产生差异性影响。基于上述理论分析，本章实证分析了股吧异质性信息的扩散对个体投资者交易行为和股价联动的影响，进一步探讨了信息扩散影响股价联动的中间过程，并提出如下假设：

H4.1a：股吧中异质性信息扩散能够引起个体投资者的趋同交易和股价联动现象，且公司特质信息更容易导致趋同交易和股价联动。

H4.1b：股吧中异质性信息扩散能够引起个体投资者趋同交易和股价联动现象，且市场行业信息更容易导致趋同交易和股价联动。

H4.2：在中国市场上，个体投资者的趋同交易会引起股票价格联动。

H4.3：在股吧公司特质信息、市场行业信息的扩散影响股价联动的过程中，个体投资者的交易行为能够起到中介作用。

## 4.2　研究设计

### 4.2.1　数据说明

本章的研究对象为上证 A 股，研究区间为 2016—2019 年，共 975 个交易日。考虑到样本区间长度有限，本章将样本股的数量控制在 300 个以内，以避免样本容量较大导致估计噪声对回归结果产生较大影响（李冰娜等，2016）。Kumar 等（2006）研究表明，个体投资者交易行为对不同市值股票的价格联动影响存在差异。因此，本章按照如下的步骤筛选样本股：（1）计算所有上证 A 股研究区间内日度流通市值的均值，并据此将上证 A 股分为低、中和高三组；（2）从每一组中，随机选择 100 只股票；（3）为确保股票的流动性，剔除 300 只股票中在研究区间内非连续交易的个股。最终得到 249 只样本股。

股吧数据均通过 Python 编程采集于东方财富网个股股吧，采集字段包括帖子 ID、用户 ID、用户发帖和回帖的内容以及时间，共采集到 1588606 个用户的 10672808 条发帖或回帖记录。股票收益率序列采用日收盘价的对数收益率，股票资金流向数据和其他市场相关数据均来源于 Wind 数据库。

### 4.2.2　变量说明

（1）股价联动。

参照陆贤伟等（2013）的做法，本章以 2016—2019 年日度对数收益率序列的相关系数度量股价联动关系。为分别考察公司特质信息和市场行业信息的扩散对股价关联性的影响，参考肖奇等（2021）的做法，在计算相关系数之前，采用回归分析的方法将原始日度股票收益率序列分解为市场、行业和随机序列部分，分别计算由两类信息扩散引起的股价联动。首先，采用收盘价计算股票对数收益率 $R_{ji}(t)$，表示属于行业 $i$ 的股票 $j$ 在 $t$ 日的收益率。行业收益率 $R_i(t)$，采用样本股中属于 $i$ 行业的所有股票的市值加权平均收益率度量，市场收益率 $R_m(t)$ 为所有样本股的市值加权平均收益率。其次，采用如下模型进行分解：

$$R_{ji}(t) = c + \beta_{jim} R_m(t) + \beta_{ji} R_i(t) + \widetilde{\eta_{ji}}(t)$$
$$= c + R'_{jm}(t) + R'_{ji}(t) + R'_{jr}(t) \tag{4-1}$$

其中，式（4-1）中的第一项 $\beta_{jim} R_m(t)$ 可看作市场收益率序列部分，记为 $R'_{jm}(t)$，第二项 $\beta_{ji} R_i(t)$ 作为行业收益率序列部分，记为 $R'_{ji}(t)$，第三项回归残差项 $\widetilde{\eta_{ji}}(t)$ 可看作随机序列部分，记为 $R'_{jr}(t)$。股票 $j$ 和 $k$ 的整体相关系数 $COR_{j,k}$，采用股票原始日度收益率的皮尔逊相关系数度量；由公司特质信息扩散引起的股价超额联动 $COR^1_{j,k}$，基于上述收益率序列的随机部分计算；由市场行业信息扩散引起的股价联动 $COR^2_{j,k}$，基于上述市场收益率序列和行业收益率序列之和计算。

（2）个体投资者交易行为度量。

个体投资者趋同交易程度（$SHR$）。参考 Yang 等（2016）关于个体投资者交易行为的研究，本章以订单不平衡程度衡量其交易行为，计算方式如式（4-2）所示：

$$BSI_{jt} = \frac{VB_{jt} - VS_{jt}}{OS_{jt}} \tag{4-2}$$

其中，$VB_{jt}$ 表示个体投资者在 $t$ 日对于股票 $j$ 的买入量，$VS_{jt}$ 表示个体投资者在 $t$ 日对于股票 $j$ 的卖出量，$OS_{jt}$ 表示 $t$ 日股票 $j$ 的流通股股数。以样本区间内股票 $j$ 与股票 $k$ 日度订单不平衡程度的相关系数衡量个体投资者在两只股票上的趋同交易程度，如式（4-3）所示：

$$SHR_{j,k} = \frac{\sum_{t=1}^{n} BSI_{jt} BSI_{kt}}{\sqrt{\sum_{t=1}^{n} (BSI_{jt})^2 \sum_{t=1}^{n} (BSI_{kt})^2}} \tag{4-3}$$

（3）社交媒体信息扩散指标。

信息扩散程度（*ITN*）：在以个体投资者居多的中国股票市场上，股吧用户数据较好地呈现了个体投资者间的信息交互情况，例如，股吧用户可以通过发帖或回帖的方式，进行信息交流，且两个股吧中的用户活跃度越高，对应产生的信息流量可能越多，信息更容易在不同股吧间进行扩散。参考第3章的做法，采用信息流量来度量股吧间的信息扩散程度，首先，统计样本区间内同时活跃在两个股吧中共同用户产生的信息流量，包括发帖量和回帖量。其次，为了考察异质性信息扩散对股价联动的影响，本章采用人工标注加机器学习的方法（任飞等，2020），将共同活跃用户产生的信息流量分为"公司特质信息""市场行业信息"和"噪声"三类。公司特质信息是指涉及该股票行情或政策的相关信息，市场行业信息是指涉及整个市场、行业行情或政策的相关信息，噪声为其他信息。最后，构造共同活跃用户在两个股吧中产生的公司特质信息流量（$ITN^1$）和市场行业信息流量（$ITN^2$），分别度量两类信息在股吧间的扩散程度。

（4）控制变量。

与第3章类似，此部分选取行业关系（*IDY*）、规模差异（*SZ*）、价格差异（*PI*）和市盈率相似度（*P/E*）等指标作为控制变量。行业关系按照证监会《上市公司行业分类指引》2012年版计算，行业关系取1或0，若股票$j$和$k$属于同一行业，则行业关系$IDY_{j,k}$为1，否则为0；规模差异$SZ_{j,k}=|\ln(S_j/S_k)|$，$S_j$为2015年末股票$j$的流通市值。价格差异$PI_{j,k}=|\ln(P_j/P_k)|$，$P_j$为2015年末股票$j$的收盘价。市盈率相似度（*P/E*）采用2015年报中的市盈率，利用如下公式计算。

$$P/E_{j,k} = \begin{cases} \min(PER_{j,k}, \dfrac{1}{PER_{j,k}}) \ PER_{j,k} > 0 \\[2mm] \max(PER_{j,k}, \dfrac{1}{PER_{j,k}}) \ PER_{j,k} \leq 0 \end{cases} \qquad (4-4)$$

其中，$PER_{j,k}$ 为股票 $j$ 和 $k$ 的市盈率之比。

本章主要变量的描述性统计如表 4.1 所示。由表 4.1 可以看出，$COR$、$COR^1$ 和 $COR^2$ 的均值分别为 0.3844、0.0102 和 0.6380，市场行业相关系数 $COR^2$ 的均值大于公司特质相关系数 $COR^1$，可能原因在于市场行业信息往往会引起多只股票价格的同涨同跌现象。个体投资者趋同交易程度（$SHR$）的最小值和最大值分别为 -0.4108 和 0.5224，说明投资者在不同股票对上的交易行为存在较大的差异性。公司特质信息扩散程度指标（$ITN^1$）和市场行业信息扩散程度指标（$ITN^2$）的均值分别为 1890.3786 和 0.6667，$ITN^1$ 的均值远高于 $ITN^2$，说明在股吧间扩散的信息大多是与个股相关的特质性信息。

表 4.1　　　　　　　　　　　　主要变量的描述性统计

| 变量名称 | 观测数 | 均值 | 标准差 | 最小值 | 最大值 |
|---|---|---|---|---|---|
| $COR$ | 61752 | 0.3844 | 0.1074 | -0.0062 | 0.8401 |
| $COR^1$ | 61752 | 0.0102 | 0.0798 | -0.9900 | 0.5942 |
| $COR^2$ | 61752 | 0.6380 | 0.1532 | -0.0240 | 1.0000 |
| $SHR$ | 61752 | 0.0259 | 0.0535 | -0.4108 | 0.5224 |
| $ITN^1$ | 61752 | 1890.3786 | 2810.2347 | 0.0000 | 98398.0000 |
| $ITN^2$ | 61752 | 0.6667 | 12.2180 | 0.0000 | 867.0000 |
| $IDY$ | 61752 | 0.0404 | 0.1968 | 0.0000 | 1.0000 |
| $SZ$ | 61752 | 1.0655 | 0.9728 | 0.0000 | 6.4545 |
| $PI$ | 61752 | 0.6849 | 0.5189 | 0.0000 | 3.3781 |
| $P/E$ | 61752 | 0.2251 | 0.4346 | -0.9996 | 0.9999 |

### 4.2.3 研究模型

针对假设 H4.1，即社交媒体异质性信息的扩散对个体投资者交易行为和股价联动的影响，采用如下回归模型进行分析：

$$SHR_{j,k} = \theta_0 + \theta_1 ITN^1_{j,k} + \theta_2 ITN^2_{j,k} + \theta_3 IDY_{j,k}$$
$$+ \theta_4 SZ_{j,k} + \theta_5 PI_{j,k} + \theta_6 P/E_{j,k} + \varepsilon \qquad (4-5)$$

$$COR^1_{j,k} = \alpha_{10} + \alpha_{11} ITN^1_{j,k} + \alpha_{12} IDY_{j,k} + \alpha_{13} SZ_{j,k}$$
$$+ \alpha_{14} PI_{j,k} + \alpha_{15} P/E_{j,k} + \varepsilon \qquad (4-6)$$

$$COR^2_{j,k} = \alpha_{20} + \alpha_{21} ITN^2_{j,k} + \alpha_{22} IDY_{j,k} + \alpha_{23} SZ_{j,k}$$
$$+ \alpha_{24} PI_{j,k} + \alpha_{25} P/E_{j,k} + \varepsilon \qquad (4-7)$$

针对假设 H4.2，即个体投资者的交易行为对股价联动关系的影响，本章建立如下回归分析模型：

$$COR_{j,k} = \beta_0 + \beta_1 SHR_{j,k} + \beta_2 IDY_{j,k} + \beta_3 SZ_{j,k}$$
$$+ \beta_4 PI_{j,k} + \beta_5 P/E_{j,k} + \varepsilon \qquad (4-8)$$

针对假设 H4.3，即个体投资者交易行为在异质性信息扩散影响股价联动的过程中所起的作用，本章结合式（4-5）至式（4-7），进一步采用三步回归法（Baron 等，1986），考察三者间的关系，中介效应检验模型如下：

$$COR^1_{j,k} = \gamma_{10} + \gamma_{11} ITN^1_{j,k} + \gamma_{12} SHR_{j,k} + \gamma_{13} IDY_{j,k}$$
$$+ \gamma_{14} SZ_{j,k} + \gamma_{15} PI_{j,k} + \gamma_{16} P/E_{j,k} + \varepsilon \qquad (4-9)$$

$$COR^2_{j,k} = \gamma_{20} + \gamma_{21} ITN^2_{j,k} + \gamma_{22} SHR_{j,k} + \gamma_{23} IDY_{j,k}$$
$$+ \gamma_{24} SZ_{j,k} + \gamma_{25} PI_{j,k} + \gamma_{26} P/E_{j,k} + \varepsilon \qquad (4-10)$$

与式（4-6）相比，若式（4-9）中 $\gamma_{11}$ 不再显著，或 $\gamma_{11} < \alpha_{11}$ 且显著性水平低于 $\alpha_{11}$，则说明变量 $SHR$ 在变量 $ITN^1$ 影响 $COR^1$ 的过程中发挥了完全或部分的中介作用。与式（4-7）相

比，若式（4－10）中$\gamma_{21}$不再显著，或$\gamma_{21} < \alpha_{21}$且显著性水平低于$\alpha_{21}$，则说明变量 $SHR$ 在变量 $ITN^2$ 影响 $COR^2$ 的过程中发挥了完全或部分的中介作用。本章采用普通最小二乘法（OLS）对上述模型进行估计。

## 4.3　实证结果分析

### 4.3.1　异质性信息扩散对交易行为和股价联动的影响

首先，考察社交媒体异质性信息扩散对个体投资者交易行为的影响，回归结果见表 4.2 中的模型 1、模型 2 和模型 3。从模型 1 中可以看出，衡量公司特质信息扩散的变量 $ITN^1$ 的系数为 0.0729，且在 1% 的水平下显著，说明股吧间扩散的公司特质信息越多，个体投资者在对应两只股票上的趋同交易程度越高。而衡量市场行业信息扩散的变量 $ITN^2$ 的系数并不显著。但是，将变量 $ITN^1$ 从式（4－5）删除后，$ITN^2$ 的系数在 1% 的水平上显著为正，回归系数是 0.0196，说明在股吧间扩散的市场行业信息越多，个体投资者在对应两只股票上的趋同交易程度越高。然而，对比模型 2 和模型 3，$ITN^1$ 回归系数仍比 $ITN^2$ 的回归系数大，分别为 0.0741 和 0.0196。综上所述，股吧中异质性信息的扩散均能够引起个体投资者的趋同交易，但公司特质性信息的扩散对投资者交易行为的影响更大。从模型 1、模型 2 和模型 3 中还可以看出，在 1% 水平下，行业关系和市盈率相似度对个体投资者的趋同交易存在显著正影响，说明个体投资者的交易行为在同行业股票和市盈率相似的股票上，表现出较高的一致性；在 1% 水平下，规模差异对个体投资者趋同交易程度存在显著负影响，说明个体投资者的交易行为在市值相近的股票上，表现出较高的一致性。价格差异对个体投资者趋同交易的影响并不显著。

表 4.2　　　　　　　　异质性信息扩散与
个体投资者趋同交易和股价联动关系的 OLS 回归

| | SHR | | | $COR^1$ | $COR^2$ |
|---|---|---|---|---|---|
| | 模型 1 | 模型 2 | 模型 3 | 模型 4 | 模型 5 |
| *Constant* | 0.0000 | 0.0000 | 0.0000 | 0.0101 | 0.6350 |
| $ITN^1$ | 0.0729*** (18.1890) | 0.0741*** (18.1890) | — | 0.0026*** (7.3730) | — |
| $ITN^2$ | 0.0061 (1.5330) | — | 0.0196*** (4.9780) | — | 0.0016*** (2.5030) |
| *IDY* | 0.1343*** (34.0530) | 0.1345*** (34.1400) | 0.1386*** (35.1180) | −0.0113*** (−31.7290) | 0.0435*** (69.0740) |
| *SZ* | −0.1540*** (−38.8310) | −0.1541*** (−38.8450) | −0.1502*** (−37.8050) | −0.0157*** (−43.5150) | −0.0424*** (−66.7640) |
| *PI* | −0.0039 (−0.9800) | −0.0039 (−0.9980) | −0.0041 (−1.0420) | −0.0044*** (−12.3850) | −0.0140*** (−22.0390) |
| *P/E* | 0.0359*** (9.0850) | 0.0359*** (9.0890) | 0.0321*** (8.1100) | 0.0010*** (2.8990) | 0.0080*** (12.6170) |
| $Adj \cdot R^2$ | 0.0510 | 0.0510 | 0.0460 | 0.0480 | 0.1520 |

注：*、** 和 *** 分别表示系数在 10%、5% 和 1% 水平下显著。

其次，采用式（4-6）和式（4-7）考察社交媒体异质性信息扩散对股价联动的影响，回归结果见表 4.2 中的模型 4 和模型 5。从中可以看出，变量 $ITN^1$ 的系数为 0.0026，并且在 1% 的水平下显著，说明在股吧间扩散的公司特质信息越多，对应股票价格间的超额联动效应越强。此外，变量 $ITN^2$ 的系数为 0.0016，同样在 1% 的水平下显著为正，说明在股吧间扩散的市场行业信息越多，对应股票间的价格联动效应越强。但是，对比模型 4 和模型 5，$ITN^1$ 的回归系数大于 $ITN^2$，说明公司特质信息的扩

散对股价联动的影响更大。因此，上述研究结果支持假设
H4.1a，即股吧中异质性信息的扩散能够引起个体投资者的趋
同交易行为和股价联动，且公司特质信息扩散的作用更加
明显。

### 4.3.2　个体投资者交易行为的影响

接下来，进一步考察个体投资者的交易行为对股价联动的影
响，及其在异质性信息扩散影响股价联动过程中的中介作用。

采用模型8研究个体投资者交易行为对股价联动的影响，回
归结果见表4.3，模型1、模型2和模型3分别给出了趋同交易
对整体相关系数、公司特质相关系数和市场行业相关系数的回归
结果。从模型1可以看出，在1%的水平下，个体投资者的趋同
交易程度对整体相关系数具有显著正影响，回归系数为0.0247，
说明投资者交易行为的一致性越高，对应股票间的价格联动效应
越强。模型2和模型3的回归结果显示，个体投资者的趋同交易
程度对公司特质相关系数和市场行业相关系数均存在显著正影
响，在1%的水平下，回归系数分别为0.0032和0.0071，与模
型1的结论类似。上述结论，验证了假设H4.2，即中国市场上
个体投资者的趋同交易会引起股票价格的过度联动。此外，各控
制变量的回归结果与表4.2类似。

表4.3　个体投资者趋同交易行为与股价相关系数的 OLS 回归

| | $COR$ | $COR^1$ | $COR^2$ |
| | 模型 1 | 模型 2 | 模型 3 |
| --- | --- | --- | --- |
| *Constant* | 0.3801\*\*\* | 0.0101\*\*\* | 0.6350\*\*\* |
| | (760.2790) | (28.3030) | (1012.1910) |
| *SHR* | 0.0247\*\*\* | 0.0032\*\*\* | 0.0071\*\*\* |
| | (48.1820) | (8.8250) | (10.9900) |

续表

|  | COR | $COR^1$ | $COR^2$ |
|---|---|---|---|
|  | 模型 1 | 模型 2 | 模型 3 |
| IDY | 0.0062***<br>(12.2450) | −0.0116***<br>(−32.2340) | 0.0426***<br>(67.1170) |
| SZ | −0.0344***<br>(−67.3090) | −0.0150***<br>(−41.3740) | −0.0413***<br>(−64.4100) |
| PI | −0.0110***<br>(−21.8040) | −0.0044***<br>(−12.3910) | −0.0140***<br>(−22.0440) |
| P/E | 0.0059***<br>(11.7720) | 0.0008**<br>(2.2210) | 0.0077***<br>(12.2480) |
| $Adj \cdot R^2$ | 0.1390 | 0.0490 | 0.1540 |

注：*、**和***分别表示系数在10%、5%和1%水平下显著。

上述研究已表明，社交媒体异质性信息扩散能够影响个体投资者的交易行为，且个体投资者的交易行为对股价联动存在显著正影响。首先，结合式（4−5）、式（4−6）和式（4−9），采用三步回归法考察个体投资者交易行为在公司特质信息扩散影响股价联动过程中的中介作用。其次，利用式（4−5）、式（4−7）和式（4−10），采用三步回归法考察个体投资者的交易行为在市场行业信息扩散影响股价联动过程中的中介作用。

回归结果见表4.4，其中模型2和模型3分别为式（4−6）和式（4−9）的回归结果。对比式（4−6）和式（4−9）的回归结果，可以看出将个体投资者趋同交易程度 SHR 加入式（4−6）后，公司特质信息扩散程度指标 $ITN^1$ 的系数由0.0026降低到0.0024，显著性水平由1%降低到5%，说明个体投资者的交易行为在公司特质信息扩散影响股价联动关系的过程中，确实起到了部分中介作用。表4.4中模型5和模型6分别为式（4−7）和式（4-10）的回归结果。对比式（4-7）和式（4-10）的回归结果，可以看出将个体投资者趋同交易程度 SHR 加入式（4-7）后，市场行业信息扩散程度指标 $ITN^2$ 的系数由 0.0016 降低到 0.0014，显著性水平由 1% 降低到 5%，说明个体投资者的交易行为在市场行业信息扩散影响股价联动关系的过程中，也起到了部分中介作用。上述结论验证了假设 H4.3。

表4.4　　　　　　　　　　个体投资者交易行为的中介效应检验

| | SHR | COR$^1$ | | SHR | COR$^2$ | |
| --- | --- | --- | --- | --- | --- | --- |
| | 模型1 | 模型2 | 模型3 | 模型4 | 模型5 | 模型6 |
| Constant | 0 | 0.0101 | 0.1007 | 0 | 0.6350 | 0.6350 |
| $ITN^1$ | 0.0741*** (18.1890) | 0.0026*** (7.3730) | 0.0024** (6.7300) | — | — | — |
| $ITN^2$ | — | — | — | 0.0196*** (4.9780) | 0.0016*** (2.5030) | 0.0014** (2.2850) |
| SHR | — | — | 0.0030*** (8.2950) | — | — | 0.0070*** (10.9420) |
| IDY | 0.1345*** (34.1400) | −0.0113*** (−31.7290) | −0.0118*** (−32.5800) | 0.1386*** (35.1180) | 0.0435*** (69.0740) | 0.0426*** (66.9290) |
| SZ | −0.1541*** (−38.8450) | −0.0157*** (−43.5150) | −0.0152*** (−41.7350) | −0.1502*** (−37.8050) | −0.0424*** (−66.7640) | −0.0413*** (−64.4220) |
| PI | −0.0039 (−0.9980) | −0.0044*** (−12.3850) | −0.0044*** (−12.3580) | −0.0041 (−1.0420) | −0.0140*** (−22.0390) | −0.0139*** (−22.0150) |
| P/E | 0.0359*** (9.0890) | 0.0010*** (2.8990) | 0.0009*** (2.5960) | 0.0321*** (8.1100) | 0.0080*** (12.6170) | 0.0078*** (12.2660) |
| Mediating effect | — | — | 8.51% | — | — | 8.75% |
| $Adj \cdot R^2$ | 0.0510 | 0.0480 | 0.0490 | 0.0460 | 0.1520 | 0.1540 |

注：*、**和***分别表示系数在10%、5%和1%水平下显著。

综上所述，首先，股吧间的异质性信息扩散能对个体投资者的趋同交易行为和股价联动存在显著的正影响，并且与市场行业信息相比，公司特质信息的扩散对两者的影响更大。其次，个体投资者在两只股票交易上的行为越一致，对应两只股票的价格联动现象越明显。最后，中介效应检验的结果表明，个体投资者的趋同交易行为在异质性信息扩散影响股价联动的过程中，承担了"桥梁"的作用，公司特质信息和市场行业信息均能够通过影响投资者的交易行为，进而影响股价联动。

## 4.4　稳健性检验

为确保上述结论的稳健性，本章从样本区间、样本股筛选和其他控制变量的选择等多个方面对上述结论进行了稳健性检验。

### 4.4.1　样本区间

考虑到样本区间的变化对上述研究结论可能产生的影响，本章进一步采用 2020 年的数据，对前文结论再次进行验证。表 4.5 中的模型 1 至模型 3，给出了更新样本区间后式（4 - 8）的回归结果，结果显示在 1% 的显著性水平上，个体投资者的趋同交易对 $COR$、$COR^1$ 和 $COR^2$ 均存在显著正影响，与上述结果一致。表 4.6 给出了中介效应检验的结果，从模型 1 至模型 3 的回归结果中可以发现，在考虑趋同交易指标后，公司特质信息扩散程度指标 $ITN^1$ 的系数下降了 46.09%，且显著性水平下降至 5%。此外，从模型 4 中可以看出，改变样本区间后，市场行业信息扩散指标 $ITN^2$ 在 1% 的水平上对个体投资者的趋同交易存在显著正影响，回归系数为 0.2951，小于 $ITN^1$ 对趋同交易的影响。

表 4.5　　　　　　　　　个体投资者的趋同交易行为

对股价相关系数的 OLS 回归 （2020 年）

| | 采用 2020 年数据 | | | 重新筛选样本股 | | |
|---|---|---|---|---|---|---|
| | $COR$ | $COR^1$ | $COR^2$ | $COR$ | $COR^1$ | $COR^2$ |
| | 模型 1 | 模型 2 | 模型 3 | 模型 4 | 模型 5 | 模型 6 |
| Constant | 0. 3132*** (518. 3490) | 0. 0120*** (22. 3010) | 0. 5812*** (658. 4640) | 0. 2964*** (253. 4130) | 0. 0064*** (4. 2510) | 0. 5095*** (274. 6450) |
| SHR | 0. 0302*** (49. 6000) | 0. 0522*** (91. 6970) | 0. 0053*** (5. 6220) | 0. 0682*** (52. 0420) | 0. 1000*** (52. 6460) | 0. 0297*** (12. 7810) |
| IDY | 0. 0142*** (23. 3760) | − 0. 0029*** ( − 5. 0780) | 0. 0618*** (66. 3770) | 0. 0110*** (8. 8470) | − 0. 0365*** ( − 20. 3380) | 0. 0874*** (39. 8480) |
| SZ | − 0. 0054*** ( − 8. 6770) | − 0. 0176*** ( − 31. 5630) | − 0. 0127*** ( − 13. 9040) | − 0. 0037*** ( − 2. 9990) | − 0. 0049*** ( − 3. 0600) | − 0. 0041** ( − 2. 0870) |
| PI | − 0. 0208*** ( − 33. 2320) | − 0. 0080*** ( − 14. 2510) | − 0. 0327*** ( − 35. 5920) | − 0. 0021* ( − 1. 8070) | − 0. 0055*** ( − 3. 5380) | − 0. 0219*** ( − 11. 6410) |
| P/E | 0. 0159*** (26. 3020) | − 0. 0014** ( − 2. 5720) | 0. 0053*** (5. 9210) | 0. 0011 (0. 9000) | − 0. 0106*** ( − 6. 4150) | 0. 0107*** (5. 3040) |
| $Adj \cdot R^2$ | 0. 0970 | 0. 1780 | 0. 1300 | 0. 4510 | 0. 2570 | 0. 2940 |

注：* 、 ** 和 *** 分别表示系数在 10% 、 5% 和 1% 水平下显著。

表 4.6　　　个体投资者交易行为的中介效应检验 （2020 年）

| | $SHR$ | $COR^1$ | | $SHR$ | $COR^2$ | |
|---|---|---|---|---|---|---|
| | 模型 1 | 模型 2 | 模型 3 | 模型 4 | 模型 5 | 模型 6 |
| Constant | 0. 0000 | 0. 0120 | 0. 0120 | 0. 0000 | 0. 5812 | 0. 5812 |
| $ITN^1$ | 0. 3904*** (97. 5950) | 0. 0373*** (64. 3370) | 0. 0201** (33. 3960) | — | — | — |
| $ITN^2$ | — | — | — | 0. 2951*** (72. 1020) | − 0. 0002 ( − 0. 2390) | − 0. 0019** ( − 2. 0530) |
| SHR | — | — | 0. 0440*** (71. 7540) | — | — | 0. 0059*** (5. 9800) |
| IDY | 0. 2066*** (51. 6500) | 0. 0036*** (6. 2490) | − 0. 0055*** ( − 9. 6620) | 0. 2469*** (60. 2500) | 0. 0635*** (70. 1500) | 0. 0620*** (66. 2380) |

续表

| | SHR | COR[1] | | SHR | COR[2] | |
|---|---|---|---|---|---|---|
| | 模型 1 | 模型 2 | 模型 3 | 模型 4 | 模型 5 | 模型 6 |
| SZ | −0.0387*** | −0.0204*** | −0.0187*** | −0.0141*** | −0.0129*** | −0.0128*** |
| | (−9.6810) | (−35.1340) | (−33.7580) | (−3.4060) | (−14.0290) | (−13.9420) |
| PI | −0.0093** | −0.0084*** | −0.0080*** | −0.0025 | −0.0327*** | −0.0327*** |
| | (−2.3170) | (−14.4310) | (−14.4080) | (−0.6000) | (−35.6380) | (−35.6340) |
| P/E | 0.0657*** | 0.0007 | −0.0022*** | 0.0811*** | 0.0058*** | 0.0053*** |
| | (16.9600) | (1.2990) | (−4.0340) | (20.2050) | (6.5220) | (5.9630) |
| Mediating effect | — | — | 46.09% | — | — | −801.73% |
| Adj · R² | 0.2490 | 0.1140 | 0.1960 | 0.1910 | 0.1300 | 0.1300 |

注：*、**和***分别表示系数在 10%、5%和 1%水平下显著。

不同的是，模型 5 中 $ITN^2$ 对股价相关系数存在负影响，并且考虑趋同交易的影响后，模型 6 中 $ITN^2$ 对股价相关系数的负影响更加显著。这一结论可能与 2020 年新冠疫情的暴发有关。疫情的传播扰乱了原有的经济秩序，对宏观经济的平稳运行造成了巨大的负面冲击（沈丽等，2021）。而关于疫情的社交媒体信息的扩散，会通过影响投资者情绪进而加剧股票市场的波动（Ichev 等，2018），此时股价信息效率降低，而市场非理性交易上升，降低了股价同步性。总体来说，本章的主要结论是稳健的。

## 4.4.2　样本股筛选

考虑到股票流动性的差异对上述结论的影响，例如，对于交易不活跃的股票，可能无法完全体现股吧信息扩散对个体投资者交易行为的影响等。因此，根据股票资金流向数据对样本股进行了重新选择。首先，筛选出资金流入量和流出量在前 10%的上证 A 股；其次，剔除价格、市值和市盈率等数据存在缺失的股票；最后，以上证 A 股中的 96 只股票为新的样本股。交易活跃的样本股，其对应的股吧也可能较为活跃，更能反映股吧信息扩散对个体投资者交易行为的影响。表 4.5 中的模型 4 至模型 6 为重新筛选样本股后式（4-8）的回归结果，可以看出个体投资者趋同交易的系数依然显著为正，且与表 4.3 中的结果相比，系数更大。表 4.7 为重新筛选样本股后的中介效应检验结果，从模型 1 至模型 3 中可以看出，在考虑趋同交易的影响后，$ITN^1$ 的系数下降了 52.72%，且显著性水平下降至 5%。模型 4 至模型 6 的结果与模型 1 至模型 3 类似，但 $ITN^2$ 对股价相关系数的影响更大，可能原因在于相对于交易不活跃的股票，交易活跃的股票，其价格对于市场和行业信息的反应更大。上述结论表明，在更换样本股后，本章主要的结论依然是稳健的。

表 4.7　个体投资者交易行为的中介效应检验（重新筛选样本股）

| | $SHR$ | $COR^1$ | | $SHR$ | $COR^2$ | |
|---|---|---|---|---|---|---|
| | 模型 1 | 模型 2 | 模型 3 | 模型 4 | 模型 5 | 模型 6 |
| Constant | 0.0000 | 0.0064 | 0.0064 | 0.7713 | 0.5443 | 0.5225 |
| $ITN^1$ | 0.3868*** (47.9640) | 0.0622*** (35.3750) | 0.0294** (16.2380) | — | — | — |
| $ITN^2$ | — | — | — | 0.1265*** (29.3160) | 0.5698*** (5.6240) | 0.2123** (2.0180) |
| $SHR$ | — | — | 0.0848*** (40.4990) | — | — | 0.0283*** (11.6360) |
| $IDY$ | 0.3330*** (40.8390) | -0.0118*** (-6.6190) | -0.0400*** (-22.4680) | 0.4141*** (49.3710) | 0.0987*** (50.1370) | 0.0870*** (39.5840) |
| $SZ$ | -0.1395*** (-17.8920) | -0.0187*** (-10.9850) | -0.0069*** (-4.2980) | -0.1554*** (-18.6210) | -0.0089*** (-4.5530) | -0.0045** (-2.2860) |
| $PI$ | -0.0786*** (-10.3890) | -0.0150*** (-9.0900) | -0.0083*** (-5.4490) | -0.0714*** (-8.8140) | -0.0244*** (-12.8190) | -0.0224*** (-11.7940) |

续表

| | *SHR* | *COR*[1] | | *SHR* | | *COR*[2] |
|---|---|---|---|---|---|---|
| | 模型 1 | 模型 2 | 模型 3 | 模型 4 | 模型 5 | 模型 6 |
| *P/E* | 0.1727\*\*\* (21.9430) | 0.0050\*\*\* (2.8930) | −0.0097\*\*\* (−5.9670) | 0.1820\*\*\* (21.6230) | 0.0158\*\*\* (7.9810) | 0.0106\*\*\* (5.2850) |
| *Mediating effect* | — | — | 52.72% | — | — | 62.74% |
| *Adj·R²* | 0.4900 | 0.1490 | 0.2780 | 0.4170 | 0.2840 | 0.2950 |

注：\*、\*\*和\*\*\*分别表示系数在10%、5%和1%水平下显著。

### 4.4.3 其他控制变量

考虑到潜在的遗漏变量对结果的影响，本章进一步控制了地域关系、是否均属于指数成分股、财务杠杆比率等因素，再次检验前文的结论。股票地域关系（*RGN*），其取值为1或0，1表示股票 $j$ 和 $k$ 的注册地为同一省份，否则注册地不属于同一省份；指数成分股关系（*IDX*）的取值为1或0，若股票 $j$ 和 $k$ 均为上证180成分股，则为1，否则为0；财务杠杆差异（*LEV*）的取值为股票 $j$ 和 $k$ 财务杠杆比率之差的绝对值，财务杠杆比率为当年长期负债占总资产的比率。

表4.8给出了式（4-8）在进一步控制上述变量后的回归结果，结果显示，在1%的水平上，在模型1至模型3中个体投资者的趋同交易依然对股价相关系数存在显著正影响。表4.9为进一步控制上述变量后的中介效应检验结果，从模型1至模型3中可以看出，在1%的水平上公司特质信息扩散指标对个体投资者趋同交易和股价相关系数存在显著正影响；与模型2的结果相比，模型3中 *ITN*[1] 的系数下降了7.4%左右，显著性水平下降至5%。模型4至模型6的结果与表4.4基本一致。上述结论再次说明，在进一步控制其他可能的影响因素后，前文的结论依然是稳健的。

表 4.8　　　　　　　个体投资者的趋同交易行为
与股价相关系数的 OLS 回归（增加控制变量）

| | COR | COR$^1$ | COR$^2$ |
|---|---|---|---|
| | 模型 1 | 模型 2 | 模型 3 |
| Constant | 0.3801*** (763.7340) | 0.0101*** (28.4020) | 0.6350*** (1015.9810) |
| SHR | 0.0251*** (49.2280) | 0.0035*** (9.5870) | 0.0077*** (12.0300) |
| IDY | 0.0061*** (12.1540) | −0.0117*** (−32.5000) | 0.0426*** (67.2530) |
| SZ | −0.0262*** (−42.2570) | −0.0100*** (−22.7210) | −0.0324*** (−41.6120) |
| PI | −0.0104*** (−20.6670) | −0.0041*** (−11.3500) | −0.0133*** (−21.0190) |
| P/E | 0.0060*** (11.8920) | 0.0008** (2.2490) | 0.0078*** (12.3700) |
| RGN | 0.0018*** (3.7110) | 0.0017*** (4.9100) | −0.0002 (−0.3350) |
| IDX | 0.0141*** (22.9920) | 0.0086*** (19.8030) | 0.0151*** (19.6480) |
| LEV | 0.0025*** (4.9970) | 0.0017*** (4.7830) | 0.0054*** (8.6970) |
| Adj·$R^2$ | 0.1460 | 0.0550 | 0.1600 |

注：*、**和***分别表示系数在10%、5%和1%水平下显著。

表 4.9　个体投资者交易行为的中介效应检验（增加控制变量）

| | SHR | COR$^1$ | | SHR | COR$^2$ | |
|---|---|---|---|---|---|---|
| | 模型 1 | 模型 2 | 模型 3 | 模型 4 | 模型 5 | 模型 6 |
| Constant | 0.0000 | 0.0101 | 0.0101 | 0.0000 | 0.6350 | 0.6350 |
| ITN$^1$ | 0.0739*** (18.7760) | 0.0027*** (7.6720) | 0.0025** (6.9740) | — | — | — |
| ITN$^2$ | — | — | — | 0.0196*** (4.9760) | 0.0016** (2.5530) | 0.0014* (2.3150) |

续表

| | SHR | $COR^1$ | | SHR | $COR^2$ | |
|---|---|---|---|---|---|---|
| | 模型 1 | 模型 2 | 模型 3 | 模型 4 | 模型 5 | 模型 6 |
| SHR | — | — | 0.0033***<br>(9.0380) | — | — | 0.0077***<br>(11.9810) |
| IDY | 0.1340***<br>(34.0470) | − 0.0114***<br>( − 31.9080) | − 0.0118***<br>( − 32.8600) | 0.1380***<br>(35.0200) | 0.0436***<br>(69.3350) | 0.0425***<br>(67.0630) |
| SZ | − 0.1788***<br>( − 36.9890) | − 0.0108***<br>( − 24.6030) | − 0.0102***<br>( − 23.0200) | − 0.1757***<br>( − 36.2770) | − 0.0338***<br>( − 43.7630) | − 0.0324***<br>( − 41.6230) |
| PI | − 0.0058<br>( − 1.4760) | − 0.0041***<br>( − 11.3590) | − 0.0041***<br>( − 11.3130) | − 0.0061<br>( − 1.5280) | − 0.0133***<br>( − 21.0400) | − 0.0133***<br>( − 20.9900) |
| P/E | 0.0354***<br>(8.9570) | 0.0011***<br>(2.9640) | 0.0009***<br>(2.6390) | 0.0315***<br>(7.9740) | 0.0080***<br>(12.7640) | 0.0078***<br>(12.3880) |
| RGN | 0.0262***<br>(6.6970) | 0.0018***<br>(5.1720) | 0.0017***<br>(4.9300) | 0.0263***<br>(6.6920) | 0.0000<br>(0.0000) | − 0.0002<br>( − 0.3220) |
| IDX | − 0.0412***<br>( − 8.5610) | 0.0085***<br>(19.5920) | 0.0087***<br>(19.9050) | − 0.0427***<br>( − 8.8490) | 0.0148***<br>(19.2110) | 0.0151***<br>(19.6470) |
| LEV | − 0.0322***<br>( − 8.2150) | 0.0016***<br>(4.3920) | 0.0017***<br>(4.6910) | − 0.0313***<br>( − 7.9590) | 0.0052***<br>(8.3190) | 0.0054***<br>(8.7080) |
| Mediating effect | — | | 8.90% | — | — | 9.39% |
| $Adj \cdot R^2$ | 0.0540 | 0.0550 | 0.0560 | 0.0490 | 0.1580 | 0.1600 |

注：*、**和***分别表示系数在10%、5%和1%水平下显著。

## 4.5 本章小结

本章采用股吧用户数据，考察了社交媒体上异质性信息的扩散对个体投资者交易行为和股价联动的影响，并进一步通过交易行为的中介效应分析，探究异质性信息扩散影响股价联动的途径和机制。回归结果显示，公司特质信息和市场行业信息的扩散对个体投资者的趋同交易和股价相关系数具有显著正影响，且公司特质信息扩散的影响更大，这些结果说明社交媒体的信息扩散程度越高，个体投资者在对应股票上的交易行为越一致、股票间的价格联动效应越明显，并且不同类型的信息扩散对个体投资者交易行为和股价联动的影响存在差异。进一步来说，个体投资者趋同交易对股价相关系数具有显著正影响，说明个体投资者在两只股票上的交易行为越一致，股票间的价格联动效应越明显。最后，根据三步回归的结果显示，在考虑个体投资者交易行为的影响后，公司特质信息和市场行业信息的扩散指标对股价相关系数的显著正影响降低，说明个体投资者的交易行为在异质性信息扩散影响股价联动关系的过程中，确实起到了部分中介作用。

本章关于社交媒体上异质性信息扩散对股价联动的影响研究，为从社交媒体信息的角度探究股市风险传导提供了新的视角，也是对信息扩散影响金融资产价格行为相关研究的重要补充；基于个体投资者趋同交易行为的中介效应检验，为信息扩散通过交易影响资本市场提供了实证证据。在政策启示上，本书的研究结论对监管层认识和把握防范化解股票市场重大风险有一定的借鉴意义：第一，公司特质性信息的扩散对投资者交易行为与股价联动的影响更大，这一发现为监管者从社交媒体信息扩散的角度出发，加强股票市场风险管理提供了重要思路。例如，可重点监控网络大"V"等具有影响力的社交媒体用户，对其发布的信息内容进行甄别，及时阻断与上市公司特质性相关的不实信息的扩散，防止此类信息的蔓延引起股价大范围的波动，加剧市场风险。第二，监管者可进一步加强投资者教育，深化投资者对互联网背景下股票市场风险传染快、涉及范围广等新特征的认识，强化投资者的风险意识。此外，对投资者而言，应理性对待股吧等社交媒体上不同类型信息的扩散，加强自身信息甄别能力，作出合理的投资决策。

# 第5章　个体与机构投资者信息扩散对股价联动的影响差异与渠道

以往的文献大多从"口耳相传"效应（Christos 等，2017；Colla 等，2010；Hong 等，2005）和社会嵌入理论（Koch 等，2016；Anton 等，2014；Fricke 等，2017）出发，探究了机构投资者引起的信息扩散对股价联动的影响。随着信息技术的发展，社交媒体改变了世界范围内的信息传递方式（Agarwal 等，2019），为个体投资者的信息交互提供了便利，也为直接度量信息扩散提供了数据。本书第 3 章就当前互联网快速发展的背景，讨论了个体投资者在社交媒体上的信息交互引起的股票信息扩散，对股价联动关系的影响。但是，随着机构投资者在我国的不断发展壮大，机构投资者对资本市场的影响日益加强，因此有必要进一步考虑机构投资者引起的信息扩散对股票市场风险传导的影响。此外，对于不同市场，两类投资者的占比不同，对资本市场的影响也存在差异，两类投资者引起的信息扩散对股票市场风险传导的影响差异值得进一步探究。

接下来，将进一步引入机构投资者，纵向对比分析个体和机构投资者引起的股票信息扩散对股价联动的影响差异，并横向比较在具有不同投资者结构的中、美股票市场上，两类投资者引起的信息扩散对股价联动的影响差异。在此基础上，从投资者交易行为的角度，探究信息扩散影响股价联动的渠道。从信息扩散速度的视角，对股价联动的"领先—滞后"效应和可预测性进行了分析。

## 5.1　理论分析与研究假设

"口耳相传"效应（word – of – mouth），是指投资者可以通过"口耳相传"的交流进行信息扩散，改善投资者的信息环境并增加知情投资者的比例（Ivkovich 等，2007；Christo 等，2017），从而使股价向共同信息调整（Holden 等，1992；Badrinath 等，1995）。知情投资者基于"口耳相传"效应获取的共同信息，可能会同时交易多只股票，进而导致股价联动（Koch 等，2016；Li 等，2019）。Colla 等（2010）认为，邻居之间的"口耳相传"会影响投资者的交易决策，并从理论上证明了这一点。Hong 等（2004，2005）发现"口耳相传"效应的存在会导致位于同一个城市的机构投资者倾向于交易相同的股票。Christos 等（2017）基于相同的思路，采用机构投资者之间的地理距离，构建机构之间的信息共享网络，认为地理距离越近的机构投资者之间的"口耳相传"效应更明显，信息扩散程度越高，并研究发现机构之间的信息共享网络对股价收益率有一定的预测能力。上述文献采用不同方法和指标，从理论和实证的角度，证明了"口耳相传"效应对资产价格影响。但投资者之间的"口耳相传"，实际上是难以直接观测的（Rantala，2019），基于地理距离指标的方法，仅是对"口耳相传"效应的间接衡量，难以反映投资者之间的真实信息扩散情况。

社交媒体平台的发展，为个体投资者提供了一个更快、更便捷的信息交互渠道，与"口耳相传"效应相比，社交媒体平台（如股吧），能够更好地改善投资者的信息环境（Chen 等，2014；Ackert 等，2016，Jiang 等，2019）。在有限关注理论（Hirshleifer 等，2003；Peng 等，2006；Hirshleifer 等，2011）的限制下，投资者不会活跃在所有个股股吧中，仅会在其关注的股吧中进行发帖或回帖等信息交互行为。如果投资者在一段时间内，同时关注了两个个股股吧，并在两个个股股吧中进行发帖或回帖等信息交互行为，这将会促进信息在两个个股股吧间的扩散。这样的投资者越多，信息在两个个股股吧中的扩散程度可能越高，对应两只股票的价格联动程度可能越大。根据 iResearch 第 17 次中国互联网社区发展报告，有超过 55% 的网民热衷于在社交媒体中搜索和分享信息。而且在中国股票市场，不论是在投资者数量上还是在持有市值上，个体投资者均占主导地位。根据上海证券交易所的统计，截至 2018 年末，超过 99% 的 A 股账户属于个人投资者，个人投资者和机构投资者的持有市值分别占比为 55.35% 和 39.27%。随着股民与网民的加速融合，越来越多的个体投资者利用社交媒体改善自身的信息环境，社交媒体的信息扩散对股票市场的影响日益加深。因此，本书基于上述分析，提出本章的第一个假设：

H5.1：在中国市场上，与机构投资者相比，个体投资者通过社交媒体引起的信息扩散对股价联动的影响更大。

此外，由于先前的文献大多基于社会嵌入理论，从上市公司社会关系的角度，探究机构投资者的信息扩散对股价联动的影响。Anton 等（2014）、Koch 等（2016）以及 Fricke 等（2017）均以美国机构投资者的共同持股比例，作为机构投资者之间信息扩散程度的代理指标，研究发现机构投资者共同持股比例对股价联动有显著正影响。作为一个成熟的市场，美国股票市场的投资结构与中国股票市场完全相反，机构投资者持有超过 90% 的市值。此外，由于信息不对称（Wang，1993）以及对相同信息集的理解存在偏差（He 等，1995），可能会导致不同类型投资者的行为对资产价格产生差异性影响（Mitton 等，2007；Li 等，2017；Frijns 等，2018）。因此，本书基于上述分析，提出本章的第二个假设：

H5.2：与中国市场相比，在投资者结构差异较大的美国市场上，机构投资者引起的信息扩散对股价联动的影响更大。

与上述文献相比，本章的研究存在以下贡献：第一，从社交媒体上个体投资者信息交互的角度构建了一个更为直接、精准的度量信息扩散的新指标，丰富和拓展了股价联动成因的探究；第二，探究了投资者结构差异较大的市场上，个体和机构投资者引起的信息扩散对股价联动的影响，补充和丰富了"口耳相传"效应和"社会嵌入关系"理论的应用；第三，从交易行为的角度，研究信息扩散影响股价联动的中间过程，有助于厘清社交媒体信息扩散影响风险传导的渠道和机制。

## 5.2　研究设计

### 5.2.1　数据说明

本章的样本区间为 2018 年 1 月 1 日至 12 月 31 日，研究对象为上证 A 股票和全美上市公司（不包括 OTC），2018 年中国市场和美国市场分别有 244 个和 251 个交易日。当样本容量大于序列长度时，回归噪声会占据主导地位，从而对回归结果产生较大影响。为了避免这一情况，并确保回归结果的稳定性，本章将样本容量控制在300个以内（Zhang等，2013）且对样本的选择过程与第3章相同。由于个体投资者的行为对不同市值股票的价格联动影响存在差异，且不同市值股票的波动率不同（Kumar等，2006）。因此，首先，根据上证A股和美股2018年日度流通市值的均值，将其分为三组，在每一组内随机选择100只股票，共得到300只股票。其次，为了确保股票的流动性，剔除了300只股票中非连续交易的个股。最后，分别得到251只中国市场样本股和281只美国市场样本股。

为了衡量个体投资者引起的信息扩散，本章采用Python爬虫程序分别从东方财富网股吧和Stocktwits中爬取了用户的发帖信息。东方财富网股吧作为中国最大、最受欢迎的股票在线讨论社区，其日均活跃用户超过19000人，日均点击量超过400万人次，每只股票对应一个个股股吧，供投资者进行信息交互。与东方财富网股吧类似，Stocktwits作为美国市场上最活跃的股票在线讨论社区，其有超过200万个注册用户，月均访问量超过100万人次。本章分别从东方财富网股吧和Stocktwits中，获取了样本股对应的股吧中每条帖子的发帖用户ID、发帖时间、发帖内容，以及每条帖子的回复用户ID、回复时间和回复内容等字段信息，时间跨度为2018年1月1日至12月31日。从东方财富网的251个股吧中，共获取了428645个用户的3094886条帖子的上述字段信息；从Stocktwits的281个股吧中，获取了53052个用户的1738088条帖子的上述字段信息。

参考Pareek（2012）和Anton等（2014）的做法，本章采用基金的共同持股关系作为机构投资者信息共享的指标。中国市场和美国市场基金的季度持股明细数据分别来自CSMAR和Thomson Reuters 数据库。考虑到当机构投资者持有某一股票的市值较低时，其行为对资产价格的影响可能并不明显，因此本章剔除了那些持有样本股市值占基金总资产的比例低于 5% 的基金（Pareek，2012）。为了度量基金之间的地理距离，本章分别从 RESSET 和 CRSP 数据库中获取了中美市场基金的地址，并通过 Python 爬虫，从百度地图 API 和谷歌地图 API 中爬取了基金地址的经纬度信息。为了度量投资者的交易行为，本章分别从 Wind 数据库获取了中国市场个人投资者和机构投资者关于个股的日度资金流入流出数据，从 TAQ（Trade and Quote）数据库中获取了美国市场个股的逐笔交易数据，并将其换算成日度资金流入流出数据。

为了度量股价超额收益率的联动性，本章分别从 RESSET 和 CRSP 数据库获取了中美市场样本股的日度收盘价数据和五因子模型数据。其他与公司特征相关的数据均来自 Wind 数据库，包括年度流通市值、所属行业、年度 $P/E$ 比例。在股价联动关系的预测过程中和稳健性检验中，本章分别从上述数据库中获取所有变量 2016 年和 2017 年的数据。

## 5.2.2　变量说明

（1）股价联动。

与第 3 章不同的是，本章更加关注的是股票超额收益率的联动性，Pasquariello（2007）认为，股票超额收益率的联动性无法由基本面因素进行解释，Kallberg 等（2008）进一步采用超额收益率的皮尔逊相关系数来衡量其联动程度。Anton 等（2014）和 Li 等（2019）均采用这一指标研究机构投资者的共同持股关系对股价联动的影响。参考他们的做法，本章首先根据五因子模型

（Fama 等，2015），计算股票的超额收益率，再采用股票超额收益率间的皮尔逊相关系数来度量股价联动。五因子模型如下：

$$r_{it} - r_{fm} = \alpha_0 + \alpha_1\,MKT_t + \alpha_2\,SMB_t + \alpha_3\,HML_t \\ + \alpha_4\,RMW_t + \alpha_5\,CMA_t + e_{it} \tag{5-1}$$

其中，$r_{it}$ 为股票 $i$ 第 $t$ 天的对数收益率，$r_{fm}$ 为当月的无风险利率，$MKT_t$、$SMB_t$、$HML_t$、$RMW_t$、$CMA_t$ 分别为市场风险因子、市值风险因子、账面市值比风险因子、盈利水平风险因子和投资水平风险因子。$e_{it}$ 为股票 $i$ 的超额收益率。

进一步采用股票 $i$ 和股票 $j$ 超额收益率的皮尔逊相关系数 $COR_{ij}$，作为衡量两者股价联动水平的指标：

$$COR_{ij} = pearson(e_{it}, e_{jt}) \tag{5-2}$$

最后，形成相关系数矩阵 $COR$，中美市场相关系数矩阵的规模分别为 $251 \times 251$ 和 $281 \times 281$。

（2）个体投资者引起的信息扩散。

根据投资者有限关注理论，个体投资者不可能同时关注所有股票的市场信息，只会选择性关注其感兴趣的一只或多只股票，因为个体投资者的注意力是认知过程中的一种稀缺资源（Hirshleifer 等，2003）。相应地，个体投资者也只会活跃在其感兴趣的一个或多个个股股吧中。假设个体投资者同时活跃在两个个股股吧中，他们会通过发帖或回帖等行为在两个个股股吧中进行信息交互，这会促进股吧间的信息扩散，并且此类个体投资者（以下简称共同投资者）的数量越多，流动在股吧间的信息流量可能越多，其他个体投资者能够接收到的、由共同投资者提供的共同信息越多。因此，本章采用共同投资者产生的信息流量来衡量个体投资者引起的信息扩散程度，其定义为样本区间内共同投资者在股吧 $i$ 和 $j$ 中的发帖量和回帖量的和。本章首先统计了不同股吧对的共同投资者数量，再根据其信息交互行为，计算其产生的信息流量如下：

$$IND_{gl} = \sum_{n=1}^{N_{gl}} (Po_{ng} + Re_{ng}) + (Po_{nl} + Re_{nl}) \quad (5-3)$$

其中，$N_{gl}$ 为股吧 $g$ 和 $l$ 共同投资者的数量，$Po_{ng}$ 和 $Po_{nl}$ 分别为 2018 年共同投资者 $n$ 在股吧 $g$ 和 $l$ 中发帖数量，$Re_{ng}$ 和 $Re_{nl}$ 分别为 2018 年共同投资者 $n$ 在股吧 $g$ 和 $l$ 中回帖数量。最终，对中美市场的样本股，分别形成信息流量矩阵 $IND$。

（3）机构投资者引起的信息扩散。

Christos 等（2017）研究发现，机构投资者的信息共享网络能够促进股票信息扩散，其可能会基于从信息共享网络获取到的共同信息，从而同时交易多只股票，这将会促进股价联动（Chung 等，2016；Li 等，2019）。本章采用基金的共同持股关系矩阵来度量信息扩散，矩阵中的每个元素 $INS_{ij}$ 表示同时持有股票 $i$ 和股票 $j$ 的基金数量，其中不包括持股市值占基金总资产比例小于 5% 的基金（Anton 等，2014），Pareek（2012）认为，基金持有的某只股票越多，其越有可能与其他基金分享该股票的信息。

（4）投资者交易行为。

Jiang 等（2019）研究发现，投资者在社交媒体上关于两只股票的讨论，会引起更多的关联交易。Kumar 等（2006）利用券商的账户交易数据，构造了订单不平衡指标（BSI）来度量投资者进出市场的行为，并采用不同股票 BSI 指标的相关系数研究投资者的关联交易。他们发现，个体投资者系统性的关联交易，能够显著影响股价联动。因此，本书推断投资者引起的信息扩散，能够通过影响投资者的交易行为，进而导致股价联动。参考 Kumar 等（2006）的做法，本章首先采用如下方法，计算股票 $i$ 的订单不平衡指标。

$$BSI_{it}^{x} = \frac{VB_{it}^{x} - VS_{it}^{x}}{VB_{it}^{x} + VS_{it}^{x}} \qquad (5-4)$$

其中，$VB_{it}^{x}$ 为股票 $i$ 第 $t$ 天的买入额，$VS_{it}^{x}$ 为股票 $i$ 第 $t$ 天的卖出额，中美市场分别以人民币和美元计价，$x = IND$ 或 $INS$ 分别表示个体投资者和机构投资者。由于本章获取的是美国市场个股的逐笔交易数据，参考 Bennett 等（2001）的做法，根据交易量，将每笔交易划分为个体投资者的交易（小于 10000 股）和机构投资者的交易（大于等于 10000 股）；根据当前笔的交易价格与上一笔的交易价格，将当前笔的交易分为买入交易（高于上一笔交易价格）和卖出交易（低于上一笔交易价格），不考虑两笔交易价格相同的交易，因为其对资金的净流量没有影响。

其次，本章采用订单不平衡指标的相关系数矩阵 $COR_{BSI}^{x}$ 来衡量投资者行为的一致性，矩阵中的每个元素计算方法如下：

$$COR_{BSI,ij}^{x} = pearson(BSI_{it}^{x}, BSI_{jt}^{x}) \qquad (5-5)$$

其中，$COR_{BSI,ij}^{x}$ 为股票 $i$ 和 $j$ 的订单不平衡指标的相关系数，$x = IND$ 或 $INS$ 分别表示个体投资者和机构投资者。本章的控制变量与第 3 章相同，主要包括行业关系矩阵（$DHY$）、规模差异矩阵（$DMV$）、价格差异矩阵（$DP$）、市盈率相似性矩阵（$DPE$）。

### 5.2.3 描述性统计

表 5.1 给出了中国市场 251 个个股股吧和美国市场 281 个个股股吧的描述性统计。中国市场的 251 个个股股吧中，帖子数量和回复数量分别为 1501541 个和 1989798 个，而美国市场的 281 个个股股吧中，两者分别为 985104 个和 752984 个，远低于中国

市场。中国市场中，251 个股吧中共有发帖用户 332636 位、回复用户 259941 位，同样远大于美国市场的 38451 位和 39599 位。但是，在人均发帖量和人均回复量上，中国市场分别为 4.51 个和 7.65 个，远低于美国市场的 25.61 个和 19.02 个。这些结论表明，尽管中国市场上的个体投资者规模较大，但个体投资者在股吧中活跃程度远低于美国市场。中美股票市场上，股吧对的平均共同投资者数量分别 47.42 个和 48.89 个，两者几乎相同，说明投资者有限注意力理论在两个市场都是适用的，个体投资者不可能会活跃在所有的个股股吧中。

| 表 5.1 | 个股股吧的描述性统计 | 单位：个，位 |
|---|---|---|
| | 中国市场 | 美国市场 |
| 帖子数量 | 1501541.00 | 985104.00 |
| 回复次数 | 1989798.00 | 752984.00 |
| 发帖用户数量 | 332636.00 | 38451.00 |
| 回复用户数量 | 259941.00 | 39599.00 |
| 人均发帖量 | 4.51 | 25.61 |
| 人均回复量 | 7.65 | 19.02 |
| 股吧对数量 | 31375.00 | 39340.00 |
| 股吧对的平均共同用户数量 | 47.42 | 48.89 |

表 5.2 中的 Panel A 和 Panel B 分别给出了中国市场和美国市场，主要回归变量的描述性统计特征。在中国市场和美国市场中，个体投资者在股吧中产生的信息流量（$IND$）的均值分别为 963.97 和 1505.02，美国市场的这一指标远高于中国市场，标准差分别为 1189.15 和 4205.89，说明美国市场上的个体投资者更热衷于在股吧中进行信息交互。基金共同持股关系矩阵（$INS$）的均值在中国市场和美国市值分别为 0.01 和 4.46。同样地，美

国市场远高于中国市场，说明美国市场的机构投资者之间的信息共享更为频繁，两只股票平均同时被 4.46 只基金持有。上述结果均表明，美国市场上投资者之间的信息扩散程度更高。个体投资者情绪一致性指标（$COR_{BSI}^{IND}$）的均值在中美市场上分别为 0.1 和 0.01，中国市场远高于美国市场，说明尽管美国市场上个体投资者更热衷于信息交互，但其交易行为的一致性远低于中国市场上的个人投资者，导致这一结论的可能原因在于，两个市场中投资者的"羊群行为"存在差异（Chang 等，2000；Muchnik 等，2013；Trinkle 等，2015；Teng，2018）。

表 5.2　　　　　　　　　主要变量的描述性统计

| Panel A：中国市场 | | | | | | | |
|---|---|---|---|---|---|---|---|
| | Mean | SD | min | 25% | 50% | 75% | max |
| $COR$ | 0.02 | 0.09 | −0.32 | −0.04 | 0.02 | 0.07 | 0.72 |
| $IND$ | 963.97 | 1189.15 | 0.00 | 557.00 | 693.00 | 1011.00 | 45196.00 |
| $INS$ | 0.01 | 0.55 | 0.00 | 0.00 | 0.00 | 0.00 | 58.00 |
| $DMV$ | 1.17 | 1.07 | 0.00 | 0.39 | 0.86 | 1.61 | 6.61 |
| $DP$ | 0.76 | 0.65 | 0.00 | 0.28 | 0.61 | 1.06 | 5.65 |
| $DPE$ | 0.34 | 0.39 | −1.00 | 0.12 | 0.36 | 0.63 | 1.00 |
| $COR_{BSI}^{IND}$ | 0.10 | 0.10 | −0.30 | 0.04 | 0.10 | 0.17 | 0.70 |
| $COR_{BSI}^{IND}$ | 0.03 | 0.16 | −1.00 | −0.06 | 0.03 | 0.12 | 1.00 |
| Panel B：美国市场 | | | | | | | |
| | Mean | SD | min | 25% | 50% | 75% | max |
| $COR$ | 0.01 | 0.08 | −0.68 | −0.04 | 0.00 | 0.05 | 0.81 |
| $IND$ | 1505.02 | 4205.89 | 27.00 | 449.00 | 781.00 | 1427.00 | 332475.00 |
| $INS$ | 4.46 | 8.33 | 0.00 | 0.00 | 1.00 | 5.00 | 148.00 |
| $DMV$ | 2.57 | 1.87 | 0.00 | 1.06 | 2.23 | 3.74 | 11.70 |
| $DP$ | 1.58 | 1.22 | 0.00 | 0.62 | 1.31 | 2.27 | 9.27 |
| $DPE$ | 0.13 | 0.42 | −1.00 | −0.15 | 0.11 | 0.49 | 1.00 |
| $COR_{BSI}^{IND}$ | 0.01 | 0.07 | −0.27 | −0.04 | 0.00 | 0.05 | 0.33 |
| $COR_{BSI}^{IND}$ | 0.01 | 0.07 | −0.40 | −0.04 | 0.00 | 0.05 | 0.45 |

## 5.3　实证结果分析

### 5.3.1　信息扩散对股价超额收益联动性的影响

（1）中国市场上不同类型投资者引起的信息扩散。

本章首先检验了中国市场上个体投资者和机构投资者引起的股票信息扩散，对股价超额收益率的联动性的影响。由于本章所有的变量均为以矩阵形式存在的关系型变量，因此，本章采用QAP（二次指派程序）矩阵回归方法探究各变量间的关系。QAP矩阵回归方法能够有效地克服关系型变量之间的非独立性导致的各种问题（Raider 等，2002），并被广泛应用于社会网络分析研究中（Tingan 等，2012；Meng 等，2018；Park 等，2019）。本章采用该方法考察了在控制一系列公司特征变量的前提下，个体投资者和机构投资者引起的股票信息扩散对股价超额收益率联动性的影响，回归模型如下：

$$COR = \beta_0 + \beta_1 IND + \beta_2 INS + \sum_{k=1}^{K} \beta_k CONTROL_k + \varepsilon$$

$$(5-6)$$

表5.3 的第2 列和第3 列给出了中国市场上不同变量影响股价超额收益率联动性的回归结果。表5.3 中的结果显示，中国市场在1% 的水平下，个体投资者的信息流量矩阵（IND）对股价超额收益率的相关系数矩阵（COR）存在显著正影响，系数为0.0281，机构投资者的共同持股关系矩阵（INS）对股价超额收益率的相关系数矩阵（COR）的影响同样在1% 的水平下显著为正，但其系数低于个体投资者，为0.0181。这一结论验证了假

设 H5.1，表明在以个体投资者为主导的中国市场上，相较于机构投资者，由个体投资者引起的股票信息扩散确实对股价超额收益率联动性影响更大。

表 5.3　　　　不同投资者结构市场下信息扩散对股价联动的影响

| | 中国市场 | | 美国市场 | |
|---|---|---|---|---|
| | Coefficient | Significance | Coefficient | Significance |
| *Constant* | 0.0000 | — | 0.0000 | — |
| *IND* | 0.0281*** | 0.0080 | − 0.0059 | 0.2150 |
| *INS* | 0.0181*** | 0.0080 | 0.0404*** | 0.0000 |
| *DHY* | 0.1611*** | 0.0000 | 0.1700*** | 0.0000 |
| *DMV* | − 0.1298*** | 0.0000 | − 0.0198** | 0.0160 |
| *DP* | − 0.0673*** | 0.0000 | − 0.0231*** | 0.0060 |
| *DPE* | 0.0263** | 0.0450 | 0.0161* | 0.0660 |
| $Adj \cdot R^2$ | 0.0570*** | 0.0000 | 0.0340*** | 0.0000 |

注：*、**和***分别表示系数在10%、5%和1%水平下显著。

　　表 5.3 的第 2 列和第 3 列的回归结果还表明，上述控制变量的回归系数均是显著的。行业关系矩阵（*DI*）的系数显著为正，说明同行业的股票，其股价超额收益率的联动性更高，这一结论与 Baca 等（2000）的研究结果是一致的。规模差异（*DMV*）和价格差异（*DP*）的回归系数均显著为负，说明上市公司间的规模差异越大、股票价格差异越大，其股价超额收益率的联动性越低，这一结论与 Green 等（2009）的研究结果是一致的。市盈率相似性矩阵（*DPE*）对股价超额收益率的联动性存在显著正影响，表明股票 *P/E* 指标的差异越小，其股价超额收益率的联动性越高。Barberis 等（2003）研究发现，投资者会根据资产特征将资产划分为不同类型，进而导致同类型资产的价格联动性。Green 等（2009）同样发现，投资者会基于股票价格将股票分为低价股和高价股，价格相近的股票之间，联动性更高。投资者对

资产的分类行为，可能是导致上述结论的主要原因。

（2）中美市场的影响差异。

本章从投资者结构差异的角度，探讨在不同市场下，不同类型投资者引起的股票信息扩散对股价超额收益率联动性的影响差异。根据上海证券交易所的统计，截至 2018 年末，超过 99% 的 A 股账户属于个人投资者，个人投资者和机构投资者的持有市值分别占比为 55.35% 和 39.27%。作为一个成熟的市场，美国股票市场的投资结构与中国市场完全相反，机构投资者持有超过 90% 的市值。在两个投资者结构差异较大的两个市场上，个体投资者和机构投资者引起的股票信息扩散对股价超额收益率联动性的影响，可能体现出不同的特征。

表 5.3 的第 4 列和第 5 列给出了美国市场上不同变量对联动性的回归结果。与中国市场上的回归结果相比，在美国市场上，机构投资者的共同持股关系矩阵（$INS$）在 1% 的水平下对股价超额收益率的联动性存在显著正影响，系数为 0.0404；而个体投资者的信息流量矩阵（$IND$）对联动性的影响并不显著。这一结论表明，在以机构投资者为主导的美国市场上，相比于个体投资者，由机构投资者引起的信息扩散确实对股价超额收益率联动性影响更大，与中国市场正好相反，假设 H5.2 得证。

与机构投资者相比，个体投资者对社交媒体的依赖程度更高，社交媒体为个体投资者提供了快速、便捷的信息获取和信息交互渠道，与"口耳相传"效应相比，其能更好地改善投资者的信息环境，个体投资者基于社交媒体获取的共同信息，可能会同时交易多只股票，进而导致股价联动。且在以个体投资者为主导的中国市场上，个体投资者对股价联动的影响可能更明显。这可能是导致上述结论的主要原因。

（3）个体投资者"羊群行为"的差异。

上述实证结论表明，在具有不同投资者结构的市场中，不同类型的投资者引起的股票信息扩散对股价超额收益率的联动性影响存在较大差异，并且这一差异在不同市场上的个体投资者中体现得较为明显。但是，不同市场不同类型的投资者引起的信息扩散对股价超额收益率联动的影响差异，也有可能是不同市场中投资者的"羊群行为"差异导致，而与不同市场投资者结构的差异无关。一方面，与机构投资者相比，处于信息劣势的个体投资者在进行投资决策时，会更多地依赖公共信息，进而表现出更高的"羊群行为"（Li 等，2017）。另一方面，与成熟市场相比，新兴市场通常会表现出更高的"羊群行为"（Wang，2008；Chang 等，2000；Teng，2018）。为了进一步证实本章的假设 H5.2，有必要在控制个体投资者"羊群效应"的前提下[1]，进一步验证信息扩散对股价超额收益率联动性的影响。Li 等（2017）研究表明，不同股票交易量的分散度越低，说明市场的"羊群效应"越高。借鉴他们的做法，本章采用个体投资者对两只股票的情绪一致性来衡量个体投资者关于两只股票"羊群效应"的高低。首先，采用文书挖掘技术，从股吧的发帖和回帖内容中，提取个体投资者的情绪指标：

$$STI_{gt} = \sum_{m=1}^{M} STI_{m,gt}/M \qquad (5-7)$$

其中，$M$ 为股吧 $g$ 第 $t$ 天所有帖子和回复数量，$STI_{m,gt}$ 为股吧 $g$ 第 $t$ 天第 $m$ 条帖子或回复的情感值，$STI_{gt}$ 为当天所有帖子和回复情感值的均值。中美市场股吧文本情感值的计算分别基于 Python

---

[1] 由于个体投资者引起的信息扩散，在两个市场中，对股价超额收益率联动的影响存在较大差异，因此，本章在此主要关注个体投资者的"羊群行为"。

的 SnowNLP 和 TextBlob 工具库，两者对中文文本挖掘和英文文本挖掘具有较好的准确性且被广泛应用。针对中文文本挖掘，本章在原有词典的基础上加入招金词酷，招金词酷由招商证券金融工程研究团队构建，其中包括社交网络、交易所、调研平台、财经媒体、人民日报和微信公众号等常用词汇，有助于提高分词的准确性。[①]

进一步采用股吧间情绪值序列的相关系数矩阵 $COR_{STI}$ 来度量个体投资者关于不同股票的"羊群效应"，矩阵中的每个元素计算方法如下：

$$COR_{STI,gl} = pearson(STI_{gt}, STI_{lt}) \qquad (5-8)$$

其中，$STI_{gt}$ 和 $STI_{lt}$ 分别为股吧 $g$ 和 $l$ 第 $t$ 天的情感值，$pearson$ 表示序列间的皮尔逊相关系数。

表 5.4 给出了不同市场中，在进一步控制个体投资者"羊群效应"的前提下，式（5-6）的回归的结果。从表中的结果可以看出，在中国市场中，情绪相关系数矩阵（$COR_{STI}$）的系数在 1% 的水平下显著为正，系数为 0.0150，而美国市场中，该指标的系数仅在 5% 的水平下显著为正，且其系数远小于中国市场，为 0.0094。这一结果表明，中国市场个体投资者的"羊群效应"对股价超额收益率联动性的影响比美国市场大，这一结论与已有文献的研究结论是一致的。从表 5.4 中还可以看出，在控制了个体投资者"羊群效应"后，中国市场个体投资者信息流量矩阵（$IND$）的系数依然在 1% 的水平下显著为正，系数为 0.0276；机构投资者共同持股关系矩阵（$INS$）的系数在 1% 的水平下显著为正，系数为 0.0183，依旧小于 $IND$ 的系数。而美国市场个体投

---

① SnowNLP：https：//pypi. org/project/snownlp/0. 11. 1/.
　　TextBlob：https：//pypi. org/project/textblob/.

资者信息流量矩阵（IND）的系数依然不显著，机构投资者共同持股关系矩阵（INS）的系数依然在1%的水平下显著为正，系数为0.0399，大于中国市场机构投资者同持股关系矩阵（INS）的系数。这些结果与表5.3的结果是一致的，说明即使在控制个体投资者的"羊群效应"后，投资者结构的改变，依然会导致不同类型投资者引起的信息扩散对股价超额收益率的影响存在差异。此外，表5.4中各控制变量的回归结果与表5.3的结果是一致的，再次表明上述结论的稳健性。

表5.4　　　　　　控制个体投资者"羊群效应"的
前提下信息扩散对股价联动的影响

| | 中国市场 | | 美国市场 | |
|---|---|---|---|---|
| | Coefficient | Significance | Coefficient | Significance |
| Constant | 0.0000 | — | 0.0000 | — |
| IND | 0.0276*** | 0.0070 | −0.0073 | 0.1360 |
| INS | 0.0183*** | 0.0090 | 0.0399*** | 0.0000 |
| $COR_{STI}$ | 0.0150*** | 0.0070 | 0.0094** | 0.0460 |
| DHY | 0.1608*** | 0.0000 | 0.1698*** | 0.0000 |
| DMV | −0.1298*** | 0.0000 | −0.0200** | 0.0150 |
| DP | −0.0674*** | 0.0000 | −0.0232** | 0.0110 |
| DPE | 0.0261** | 0.0410 | 0.0124* | 0.0510 |
| $Adj \cdot R^2$ | 0.0580*** | 0.0000 | 0.0340*** | 0.0000 |

注：*、**和***分别表示系数在10%、5%和1%水平下显著。

### 5.3.2　投资者交易行为的中介效应检验

本章从实证的角度深入探讨了投资者交易行为作为一个重要渠道，是否在信息扩散影响股价超额收益率联动性的过程中起到了中介作用（Baron等，1986；Hammersley，2006；Lang等，2012）。假设自变量 X 对因变量 Y 存在显著影响，如果这种影响

是通过变量 *M* 实现，则称 *M* 为中介变量。中介效应检验的主要目的是分析某个变量作为中介变量（如投资者交易行为的一致性），在自变量（信息扩散）影响因变量（如股价超额收益率的联动性）的过程中是否起到显著的中介作用。结合式（5-6），中介效应检验的回归模型如下：

$$COR_{BSI}^x = a_0 + a_1 x + \sum_{k=2}^{K} a_k CONTROL_k + \varepsilon \qquad (5-9)$$

$$COR = b_0 + b_1 IND + b_2 INS + b_3 COR_{BSI}^x + \sum_{k=4}^{K} b_k CONTROL_k + \varepsilon$$

$$(5-10)$$

其中，$x = IND$ 或 $INS$，分别表示个体和机构投资者的信息扩散指标，$COR_{BSI}^{IND}$ 和 $COR_{BSI}^{INS}$ 作为中介变量，分别表示个体投资者和机构投资者交易行为的一致性，控制变量与上述相同，包括行业关系矩阵 *DHY*、规模差异矩阵 *DMV*、价格差异矩阵 *DP* 和市盈率相似性矩阵 *DPE*。中介效应检验首先是探究因变量（股价超额收益率的联动性，*COR*）与自变量（信息扩散，*IND* 或 *INS*）之间的关系，如式（5-6）；其次是探究中介变量（投资者交易行为一致性，$COR_{BSI}^{IND}$ 和 $COR_{BSI}^{INS}$）与自变量之间的关系，如式（5-9）；最后是探究自变量、中介变量和因变量在一个回归模型中的关系，如式（5-10）。如果自变量能够通过影响中介变量进而影响因变量，即存在中介效应，那么相比式（5-6），式（5-10）中自变量的系数将减小或显著性水平下降。

（1）个体投资者交易行为的中介效应检验。

表 5.5 的第 2~4 列和第 5~7 列分别给出了中国市场和美国市场个体投资者交易行为的中介效应检验结果。中国市场个体投资者信息流量（*IND*）的系数为 0.0281，显著性水平为 1%，满足中介效应检验的前提条件；式（5-9）的回归结果显示，个

体投资者信息流量（$IND$）在1%的水平下对个体投资者交易行为一致性（$COR_{BSI}^{IND}$）存在显著正影响，系数为0.1079。具体来说，对比表5.5的第3列和第4列的结果可以发现，在式（5-6）中加入个体投资者交易行为一致性变量后（$COR_{BSI}^{IND}$），个体投资者信息流量（$IND$）的系数减小了87.90%，在1%的水平下显著为正，变为不再显著，个体投资者交易行为发挥了完全中介作用，中介效应大小为0.0247（0.0281-0.0034）。这一结果表明，中国市场个体投资者引起的信息扩散，确实能够通过影响个体投资者的交易行为，进而影响股价超额收益率的联动性。但这一结论并不适用于美国市场，由于美国市场个体投资者引起的信息扩散对股价超额收益率的联动没有显著影响，不满足中介效应检验的前提条件。

表5.5　　　　　　　个体投资者交易行为中介效应检验结果

| | 中国市场 | | | 美国市场 | | |
| --- | --- | --- | --- | --- | --- | --- |
| | $COR_{BSI}^{IND}$ | COR | | $COR_{BSI}^{IND}$ | COR | |
| | Eq. (5-7) | Eq. (5-5) | Eq. (5-8) | Eq. (5-7) | Eq. (5-5) | Eq. (5-8) |
| *Constant* | 0.0000 | 0.0000 | 0.0000 | 0.0000 | 0.0000 | 0.0000 |
| *DHY* | 0.0531*** | 0.1611*** | 0.1484*** | 0.0075* | 0.1700*** | 0.1698** |
| *DMV* | -0.0798** | -0.1298*** | -0.1108*** | -0.0355*** | -0.0198** | -0.0190** |
| *DP* | -0.0712** | -0.0673*** | -0.0502*** | -0.0268*** | -0.0230*** | -0.0222*** |
| *DPE* | 0.0190 | 0.0263*** | 0.0218* | 0.0230*** | 0.0121* | 0.0116* |
| $COR_{BSI}^{IND}$ | — | — | 0.2404*** | | | 0.0347*** |
| *IND* | 0.1079*** | 0.0281*** | 0.0034 | -0.0020 | -0.0059 | -0.0056 |
| *INS* | — | 0.0181*** | 0.0146** | — | 0.0404*** | 0.0391*** |
| $Adj \cdot R^2$ | 0.0280*** | 0.0570*** | 0.1130*** | 0.0040*** | 0.0340*** | 0.0036*** |
| 中介效应大小 | — | | 0.0247 | — | — | — |

注：*、**和***分别表示系数在10%、5%和1%水平下显著。

（2）机构投资者交易行为的中介效应检验。

表 5.5 的第 2 ~ 4 列和第 5 ~ 7 列分别给出了中国市场和美国市场机构投资者交易行为的中介效应检验结果。对比表 5.5 的第 3 列和第 4 列的结果可以发现，中国市场中的数据在式（5 - 6）中加入机构投资者交易行为一致性变量后（$COR_{BSI}^{IND}$），机构投资者共同持股关系矩阵（$INS$）的系数减小了 5.52%，显著性水平由 1% 下降到 5%，机构投资者交易行为仅发挥了部分中介作用，中介效应大小为 0.0010（0.0181 - 0.0171），中介效应并不明显。而美国市场机构投资者交易行为的中介效应同样较小，机构投资者共同持股关系矩阵（$INS$）的系数减小了 1.24%，显著性水平并没有改变。

综上所述，与机构投资者相比，个体投资者信息来源匮乏、专业知识不足，其更多地依赖公共信息进行投资决策（Li 等，2017），这种公共信息可能来源于社交媒体的信息扩散。因此，信息扩散对个体投资者交易行为的影响更大，在以个体投资者为主导的中国市场，个体投资者交易行为在信息扩散影响股价联动的过程中发挥了完全中介作用。而机构投资者的交易行为在两个市场中，均没有发挥明显的中介作用。本章采用机构投资者共同持股关系指标来度量信息扩散，与机构投资者的订单不平衡指标（BSI）类似，共同持股关系同样是衡量机构交易行为的指标，这可能是导致两个市场机构投资者交易行为均没有发挥明显中介作用的主要原因。因此，本章接下来进一步采用机构投资者间的地理距离来度量信息扩散，对上述结论重新进行验证。

表5.6　　　　　　　　机构投资者交易行为中介效应检验结果

| | 中国市场 | | | 美国市场 | | |
|---|---|---|---|---|---|---|
| | $COR_{BSI}^{IND}$ | COR | | $COR_{BSI}^{IND}$ | COR | |
| | Eq. (5 – 7) | Eq. (5 – 5) | Eq. (5 – 8) | Eq. (5 – 7) | Eq. (5 – 5) | Eq. (5 – 8) |
| *Constant* | 0.0000 | 0.0000 | 0.0000 | 0.0000 | 0.0000 | 0.0000 |
| *DHY* | 0.0237*** | 0.1611*** | 0.1600*** | 0.0102** | 0.1700*** | 0.1699*** |
| *DMV* | 0.0001 | – 0.1298*** | – 0.1294*** | – 0.0203*** | – 0.0198** | – 0.0197** |
| *DP* | 0.0176** | – 0.0673*** | – 0.0682*** | – 0.0081 | – 0.0230*** | – 0.0230** |
| *DPE* | 0.0054 | 0.0263*** | 0.0261* | 0.0003 | 0.0121* | 0.0121* |
| $COR_{BSI}^{IND}$ | — | — | 0.0605*** | — | — | 0.0084** |
| *IND* | — | 0.0281*** | 0.0247** | — | – 0.0059 | – 0.0059 |
| *INS* | 0.0352*** | 0.0181*** | 0.0171** | 0.0628*** | 0.0404*** | 0.0399*** |
| $Adj \cdot R^2$ | 0.0020*** | 0.0570*** | 0.0610*** | 0.0060*** | 0.0340*** | 0.0340*** |
| 中介效应大小 | — | | 0.0010 | — | — | 0.0005 |

注：*、**和***分别表示系数在10%、5%和1%水平下显著。

（3）机构投资者间的地理距离。

上述结论表明，相较于中国市场，美国市场上机构投资者引起的信息扩散比个体投资者引起的信息扩散，对股价超额收益率的联动性影响更大。但是，中介效应检验的结果表明机构投资者的交易行为在信息扩散影响股价联动的过程中，并没有发挥明显的中介作用。因此，本章在选取共同持股关系矩阵和订单不平衡指标（*BSI*）的相关系数矩阵，均是对机构投资者交易行为的度量。由于机构投资者之间信息共享的难以观测，对其的度量一直以来是学术界的难题，学者们通常采用机构投资者之间的地理距离（Fu 等，2010；Christos 等，2017）、邻居效应（Hong 等，2005）和基金经理的教育背景（Cohen 等，2008）等作为代理指标，间接度量机构投资者之间的信息共享行为。本章在此采用机构投资者之间的地理距离作为其信息共享程度的代理指标，对上述结论重新进行验证。Hong 等（2005）研究发现，位于同一个城市的基金经理之间更有可能进行信息交互。Fu 等（2010）采用基金的地理距离作为信息扩散程度的指标，发现基金之间的信息扩散程度越高，其业绩也越高。Christos 等（2017）采用地理距离构建了机构投资者之间的信息共享网络，并发现其对股价收益率有预测能力。上述研究说明地理距离作为度量机构投资者引起的信息扩散的指标，是一个较好的且被广泛应用的间接指标。

参考 Coval 等（2001）和 Christos 等（2017）的做法，首先采用下列方法度量持有股票 $i$ 的两个机构投资者之间的地理距离：

$$
\begin{aligned}
GEO_i^{v,w} = r \times arccos\{ & \cos(lat_v)\cos(lon_v)\cos(lat_w)\cos(lon_w) \\
& + \cos(lat_v)\sin(lon_v)\cos(lat_w)\sin(lon_w) \\
& + \sin(lat_v)\sin(lat_w) \}
\end{aligned}
\tag{5-11}
$$

其中，$GEO_i^{v,w}$ 为持有股票 $i$ 的机构投资者 $v$ 和 $w$ 之间的地理距离，$r$ 为地球半径，$lat_v$ 和 $lon_v$ 分别为机构投资者 $v$ 地理位置的经纬度。采用所有持有股票 $i$ 的机构投资者两两之间地理距离的平均值，作为持有股票 $i$ 的机构投资者之间的地理距离：

$$
GEO_i = \frac{\sum\limits_{v,w \in M} GEO_i^{v,w}}{m \times (m-1)/2}
\tag{5-12}
$$

其中，$M$ 为机构投资者的集合，$m$ 为持有股票 $i$ 的机构投资者数量。进一步可采用两只股票的地理距离指标差值的绝对值的负数，来衡量同时持有两只股票的机构投资者之间的地理接近程度：

$$
DIS_{i,j} = -|GEO_i - GEO_j|
\tag{5-13}
$$

如果同时持有股票 $i$ 和 $j$ 的机构投资者在地理位置上越接近，

$DIS_{i,j}$ 越大。当股票 i 没有被任何机构投资者持有的时候，$GEO_i$ 的计算将无意义。因此，本章在此采用横截面回归的方法来检验机构投资者交易行为的中介作用，为了简单起见，变量名均没有改变。同时，为了避免异常值对回归结果的影响，对 $DIS_{i,j}$ 序列进行了前后 3% 的缩尾处理。最终，得到中国市场 26292 只股票对的 $DIS_{i,j}$ 值，美国市场 26203 只股票对的 $DIS_{i,j}$ 值。

表 5.7 的第 2~4 列和第 5~7 列分别给出了中国市场和美国市场，在用机构投资者间的地理距离度量其引起的信息扩散程度后，机构投资者交易行为的中介效应检验。对比表 3.7 的第 3 列和第 6 列后，可以发现在中国市场上，个体投资者信息流量变量（$IND$）的系数为 0.0199 且在 1% 的水平下显著，机构投资者地理距离变量（$DIS$）的系数为 0.0127 且在 5% 的水平下显著；在美国市场上，个体投资者信息流量变量（$IND$）的系数依旧不显著，机构投资者地理距离变量（$DIS$）的系数为 0.0116 且在 5% 的水平下显著。上述结果与表 5.3 的结果基本一致，再次说明在以个体投资者为主导的中国市场上，与机构投资者相比，个体投资者引起的信息扩散对股价超额收益率联动性的影响更大，且在具有不同投资者结构的市场中，不同类型投资者引起的信息扩散对股价超额收益率联动性的影响存在差异。

从表 5.7 中还可以看出，在用地理距离替换共同持股关系，作为机构投资者引起的信息扩散程度的度量后，在中国市场上，机构投资者地理距离变量（$DIS$）的系数减小了 7.87%，显著性水平由在 5% 下降到 10%，这一结论与表 5.6 的结果是一致的，再次说明中国市场上机构投资者交易行为，能够对信息扩散影响股价联动起到部分中介作用。在美国市场上，式（5-9）中机构投资者地理距离变量（$DIS$）的系数为

0.0300 且在 1% 的水平下显著为正，说明机构投资者之间的信息共享是解释其交易行为一致性的有力变量。对比表 5.7 的第 6 列和第 7 列的结果，可以发现在式（5-6）中加入机构投资者交易行为一致性变量（$COR_{BSI}^{INS}$）后，机构投资者地理距离变量（$DIS$）的系数下降了 2.59%，显著性水平由 5% 下降到 10%，同样说明美国市场上机构投资者交易行为，能够对信息扩散影响股价联动起到部分中介作用。综上所述，机构投资者之间的信息共享行为，能够通过影响其交易行为，进而导致股价超额收益率的联动性。

表 5.7　替换信息扩散指标后机构投资者交易行为中介效应检验结果

| | 中国市场 | | | 美国市场 | | |
|---|---|---|---|---|---|---|
| | $COR_{BSI}^{IND}$ | COR | | $COR_{BSI}^{IND}$ | COR | |
| | Eq. (5-7) | Eq. (5-5) | Eq. (5-8) | Eq. (5-7) | Eq. (5-5) | Eq. (5-8) |
| Constant | 0.0000 | 0.0000 | 0.0000 | 0.0000 | 0.0000 | 0.0000 |
| DHY | 0.0277*** | 0.1637*** | 0.1626*** | 0.0117** | 0.1660*** | 0.1659*** |
| DMV | 0.0033 | -0.1386*** | -0.1383*** | -0.0343*** | -0.0330*** | -0.0327*** |
| DP | 0.0201*** | -0.0623*** | -0.0632*** | -0.0217*** | -0.0233*** | -0.0231*** |
| DPE | 0.0098 | 0.0287*** | 0.0281*** | 0.0059 | 0.0239*** | 0.0238*** |
| $COR_{BSI}^{IND}$ | — | — | 0.0604*** | — | — | 0.0102* |
| DPE | | 0.0199*** | 0.0157** | | 0.0016 | 0.0016 |
| DIS | 0.0257*** | 0.0127** | 0.0117* | 0.0300*** | 0.0116** | 0.0113* |
| Adj·$R^2$ | 0.0020*** | 0.0590*** | 0.0630*** | 0.0040*** | 0.0320*** | 0.0320*** |
| 中介效应大小 | — | | 0.0010 | — | | 0.0003 |

注：*、**和***分别表示系数在10%、5%和1%水平下显著。

### 5.3.3　股价联动性预测

（1）股价联动的"领先—滞后"效应。

本章进一步采用线性回归模型，检验不同市场上社交媒体的信息扩散速度，是否会导致股价超额收益率的联动性存在"领先—滞后"效应，即相较于信息扩散较慢的股吧，信息扩散较快的股吧，其对应股票间的超额收益率可能会率先出现联动现象。考虑到个体投资者引起的信息扩散对股价超额收益率联动性的影响，在不同市场上存在较大差异，因此本章仅考虑个体投资者引起的信息扩散速度，对股价超额收益率联动性的"领先—滞后"效应的影响。信息扩散越快，市场上的知情交易者可能越多，进而使股价向新信息的调整速度越快（Holden 等，1992；Christos 等，2017）。Colla 等（2010）研究发现，个体投资者间的信息交互越频繁，股价中的信息含量越高。Pareek（2012）采用共同持股关系构建机构投资者间的信息共享网络，并采用网络密度来衡量信息扩散速度，发现网络密度越低，股价对市场信息的响应越迟钝。因此，有理由推断相较于信息扩散较慢的股吧，信息扩散较快的股吧间，其对应股票间的超额收益率可能会率先出现联动现象。

为了验证上述推断，本章采用 2016—2018 年 3 年的月度数据进行验证。首先，根据每个月共同活跃用户产生的信息流量，将股吧对分成信息流量从高到低五组，每组的股吧对根据当月共同活跃用户产生的信息流量重新进行调整；其次，对于每组内的股吧对，根据股吧对当月共同活跃用户产生的信息流量，对股票对超额收益率的相关系数进行加权平均，权重为信息流量，作为该组的平均股价超额收益率的联动性；最后，采用如下回归模型，考察信息扩散速度最快的组，其平均股价超额收益率的联动性是否能够预测信息扩散速度最慢的组的联动性：

$$COR_t^{slow} = c_0 + c_1 COR_{t-1}^{fast} + \varepsilon \qquad (5-14)$$

其中，$COR_{t-1}^{fast}$为信息扩散速度最快的组，在第 $t-1$ 个月的信息流量加权平均相关系数；$COR_t^{slow}$为信息扩散速度最慢的组，在第 $t$ 个月的信息流量加权平均相关系数。

　　表5.8给出了中美市场每组的信息流量加权平均相关系数36个月的均值和中位数，以及信息扩散最快的组与信息扩散最慢的组，平均相关系数的差异性检验。从表5.8中可以看出，中国市场信息扩散最快的组的信息流量加权平均相关系数显著高于信息扩散最慢的组，其36个月的均值和中位数分别相差0.0178和0.0198，且均在1%的水平下显著。而美国市场不论是均值还是中位数，信息扩散最快的组和信息扩散最慢的组的信息流量加权平均相关系数均没有显著差异，这一点与上述结论是一致的，因为美国市场个体投资者引起的信息扩散对股价超额收益率的联动性并没有显著的影响。

表5.8　　　　　　　　　信息流量加权平均相关系数

| | 中国市场 | | 美国市场 | |
|---|---|---|---|---|
| | 均值 | 中位数 | 均值 | 中位数 |
| *slow* | 0.0167 | 0.0163 | 0.0030 | 0.0036 |
| 2 | 0.0181 | 0.0160 | 0.0036 | 0.0037 |
| 3 | 0.0170 | 0.0146 | 0.0029 | 0.0029 |
| 4 | 0.0163 | 0.0135 | 0.0019 | 0.0016 |
| *fast* | 0.0345 | 0.0361 | 0.0036 | 0.0022 |
| *fast − slow* | 0.0178*** | 0.0198*** | 0.0006 | − 0.0014 |

注：*、**和***分别表示系数在10%、5%和1%水平下显著。

　　表5.9给出了式（5－14）的回归结果，即对股价超额收益率联动性的"领先—滞后"效应的检验。可以看出，中国市场信息扩散最快的组的信息流量的加权平均相关系数（$COR_{t-1}^{fast}$），对信息扩散最慢的组的信息流量加权平均相关系数（$COR_{t-1}^{slow}$）存在

显著正影响，为 0.1765，显著性水平为 1%。而美国市场信息扩散最快的组的信息流量的加权平均相关系数（$COR_{t-1}^{fast}$），对信息扩散最慢的组的信息流量的加权平均相关系数（$COR_{t-1}^{slow}$）并没有显著影响，且系数较小，为 0.0801。这些结果表明，个体投资者引起的信息扩散，不仅能通过影响个体投资者的交易行为，进而影响股价超额收益率的联动性，其扩散速度还能导致股价超额收益率的联动性存在"领先—滞后"现象，且这一结论仅在以个体投资者为主导的中国市场上成立，再次说明了投资者结构的差异，会导致不同类型投资者引起的信息扩散对股价联动存在不同影响。

表 5.9　　　　股价超额收益率联动性的"领先—滞后"效应检验

| | $Constant$ | $COR_{t-1}^{fast}$ | $Adj \cdot R^2$ |
|---|---|---|---|
| 中国市场 | 0.0106*** | 0.1765*** | 0.1088 |
| 美国市场 | 0.0024** | 0.0801 | 0.0920 |

注：*、**和***分别表示系数在 10%、5% 和 1% 水平下显著。

（2）信息扩散对股价联动的预测能力。

为了进一步探究股价超额收益率联动性的可预测性，本章采用滞后一期的个体投资者和机构投资者引起的信息扩散，对当期的股价超额收益率联动性进行预测，回归模型如下：

$$COR_{ij,t} = \gamma_0 + \gamma_1 IND_{ij,t-1} + \gamma_2 INS_{ij,t-1}$$

$$+ \sum_{k=1}^{K} \gamma_k CONTROL_{ij,k,t} + \varepsilon \qquad (5-15)$$

其中，$COR_{ij,t}$ 为股票 $i$ 和 $j$ 第 $t$ 年超额收益率的相关系数，$IND_{gk,t-1}$ 为与股票 $i$ 和 $j$ 对应的股吧 $g$ 和 $k$ 在第 $t-1$ 年共同活跃用户产生的信息流量，$INS_{ij,t-1}$ 为第 $t$ 年同时持有股票 $i$ 和 $j$ 的机构投资者数量，其他控制变量与上述一致。本章在此分别采用中、美市场 31375 只和 39340 只股票对 2016—2018 年的面板数据，对式（5 - 15）进行验证。

表 5. 10 给出了式（5 - 15）的面板回归结果。从中可以看出，在中国市场，滞后一期的个体投资者信息流量变量（$IND_{t-1}$）在 1% 的水平下对当期的股价超额收益率相关系数（$COR_t$）存在显著正影响，系数为 0. 0694；而滞后一期的机构投资者共同持股关系变量（$INS_{t-1}$）对当期的股价超额收益率相关系数（$COR_t$）并没有显著影响。美国市场的结果正好相反，滞后一期的机构投资者共同持股关系变量（$INS_{t-1}$）在 1% 的水平下对当期的股价超额收益率相关系数（$COR_t$）存在显著正影响，系数为 0. 0370；而滞后一期的个体投资者信息流量变量（$IND_{t-1}$）对当期的股价超额收益率相关系数（$COR_t$）并没有显著影响。这些结果表明，在以个体投资者为主导的中国市场上，个体投资者引起的信息扩散对股价联动有预测作用，而在以机构投资者为主导的美国市场上，机构投资者引起的信息扩散对股价联动有预测作用，再次说明投资者结构的差异，会导致不同类型投资者引起的信息扩散对股价联动存在不同影响。

表 5. 10　　　　　信息扩散对股价超额收益率联动性的预测

| | 中国市场 | 美国市场 |
| --- | --- | --- |
| $Constant$ | 0. 0330*** | 0. 0110*** |
| $IND_{t-1}$ | 0. 0694*** | - 0. 0129 |
| $INS_{t-1}$ | - 0. 0011 | 0. 0370*** |
| $DHY_t$ | 0. 1629*** | 0. 1714*** |
| $DMV_t$ | - 0. 1392*** | - 0. 0206*** |
| $DP_t$ | - 0. 0555*** | - 0. 0196*** |
| $DPE_t$ | 0. 0161*** | 0. 0225*** |
| $Adj \cdot R^2$ | 0. 1392 | 0. 1542 |

注：*、**和***分别表示系数在10%、5%和1%水平下显著。

## 5.4 稳健性检验

### 5.4.1 样本区间

为了进一步验证上述主要的结论，本章从样本区间的角度出发，采用2017年1月12日至12月31日的数据，对上述主要结论进行了稳健性检验。表5.11给出了中美市场关于式（5-6）在2017年的回归结果。从表5.11中可以看出，在中国市场，个体投资者的信息流量矩阵（IND）和机构投资者的共同持股关系矩阵（INS）对股价超额收益率的相关系数矩阵（COR）在1%的水平下均存在显著正影响，但IND的系数大于INS，分别为0.0523和0.0200。但在美国市场，个体投资者的信息流量矩阵（IND）对股价超额收益率的相关系数矩阵（COR）依然没有显著影响，机构投资者的共同持股关系矩阵（INS）对股价超额收益率的相关系数矩阵（COR）在1%的水平均存在显著正影响，系数为0.0449。这些结论与表5.3的结论是一致的，再次说明假设H5.1和假设H5.2是成立的。

表5.11 不同样本区间内信息扩散对股价联动的影响

| | 中国市场 | | 美国市场 | |
|---|---|---|---|---|
| | Coefficient | Significance | Coefficient | Significance |
| *Constant* | 0.0000 | — | 0.0000 | — |
| *IND* | 0.0523*** | 0.0000 | −0.0199 | 0.1900 |
| *INS* | 0.0200*** | 0.0030 | 0.0449*** | 0.0000 |
| *DHY* | 0.1665*** | 0.0000 | 0.1556*** | 0.0000 |
| *DMV* | −0.1374*** | 0.0000 | −0.0129* | 0.0980 |
| *DP* | −0.0500*** | 0.0010 | −0.0145* | 0.0900 |
| *DPE* | 0.0133 | 0.1310 | 0.0395*** | 0.0000 |
| $Adj \cdot R^2$ | 0.0570*** | 0.0000 | 0.0310*** | 0.0000 |

注：*、**和***分别表示系数在10%、5%和1%水平下显著。

112

表 5. 12 给出了不同样本区间内中美市场个体投资者交易行为的中介效应检验。对比表 5. 12 的第 3 列和第 4 列的结果可以发现,在式(5 – 6)中加入个体投资者交易行为一致性变量后($COR_{BSI}^{IND}$),个体投资者信息流量(IND)的系数减少了62. 72%,显著性水平由 1% 下降到 5%,说明个体投资者交易行为发挥了较明显的中介作用,中介效应大小为 0. 0328(0. 0523 –0. 0195)。美国市场个体投资者引起的信息扩散对股价超额收益联动性没有显著影响,依然不满足中介效应检验的前提条件。这些结论与表 5. 5 是一致的,再次说明本章的主要结论是稳健的。

表 5. 12　　不同样本区间内个体投资者交易行为的中介效应检验

| | 中国市场 | | | 美国市场 | | |
|---|---|---|---|---|---|---|
| | $COR_{BSI}^{IND}$ | COR | | $COR_{BSI}^{IND}$ | COR | |
| | Eq. (5 – 7) | Eq. (5 – 5) | Eq. (5 – 8) | Eq. (5 – 7) | Eq. (5 – 5) | Eq. (5 – 8) |
| Constant | 0. 0000 | 0. 0000 | 0. 0000 | 0. 0000 | 0. 0000 | 0. 0000 |
| DHY | 0. 0910\*\*\* | 0. 1665\*\*\* | 0. 1315\*\*\* | 0. 0196\*\*\* | 0. 1556\*\*\* | 0. 1550\*\*\* |
| DMV | – 0. 2659\*\*\* | – 0. 1374\*\*\* | – 0. 0344\*\*\* | – 0. 0384\*\*\* | – 0. 0129\* | – 0. 0121 |
| DP | – 0. 0465\*\* | – 0. 0500\*\*\* | – 0. 0317\*\*\* | – 0. 0190\*\* | – 0. 0145\* | – 0. 0140\* |
| DPE | – 0. 0216 | 0. 0133 | 0. 0219\*\* | 0. 0305\*\*\* | 0. 0395\*\*\* | 0. 0388\*\*\* |
| $COR_{BSI}^{IND}$ | — | — | 0. 3882\*\*\* | — | — | 0. 0294\*\*\* |
| IND | 0. 0914\*\*\* | 0. 0523\*\*\* | 0. 0195\*\* | – 0. 0044 | – 0. 0199 | – 0. 0194 |
| INS | | 0. 0200\*\*\* | 0. 0111\*\* | | 0. 0449\*\*\* | 0. 0436\*\*\* |
| $Adj \cdot R^2$ | 0. 0900\*\*\* | 0. 0570\*\*\* | 0. 1940\*\*\* | 0. 0040\*\*\* | 0. 0310\*\*\* | 0. 0320\*\*\* |
| 中介效应大小 | — | — | 0. 0328 | — | — | — |

注:\*、\*\* 和 \*\*\* 分别表示系数在 10%、5% 和 1% 水平下显著。

表 5. 13 给出了不同样本区间内中美市场机构投资者交易行为的中介效应检验。对比表 5. 13 的第 3 列和第 4 列的结果可以

发现，在式（5-6）中加入机构投资者交易行为一致性变量后（$COR_{BSI}^{IND}$），机构投资者共同持股关系矩阵（$INS$）的系数减少了32%，显著性水平由1%下降到5%，说明机构投资者交易行为发挥了较明显的中介作用，中介效应大小为0.0064（0.0200-0.0136）。美国市场机构投资者交易行为的中介效应依然并不明显，机构投资者共同持股关系矩阵（$INS$）的系数仅减少了2.22%。这些结论与表5.6是一致的。

表 5.13　　不同样本区间内机构投资者交易行为的中介效应检验

| | 中国市场 | | | 美国市场 | | |
|---|---|---|---|---|---|---|
| | $COR_{BSI}^{IND}$ | COR | | $COR_{BSI}^{IND}$ | COR | |
| | Eq. (5-7) | Eq. (5-5) | Eq. (5-8) | Eq. (5-7) | Eq. (5-5) | Eq. (5-8) |
| *Constant* | 0.0000 | 0.0000 | 0.0000 | 0.0000 | 0.0000 | 0.0000 |
| *DHY* | 0.0541*** | 0.1665*** | 0.1572*** | 0.0130** | 0.1556*** | 0.1554*** |
| *DMV* | -0.0894*** | -0.1374*** | -0.1207*** | -0.0202** | -0.0129* | -0.0126 |
| *DP* | -0.0199** | -0.0500*** | -0.0458*** | -0.0041 | -0.0145* | -0.0145* |
| *DPE* | -0.0011 | 0.0133 | 0.0135 | 0.0108* | 0.0395*** | 0.0393*** |
| $COR_{BSI}^{IND}$ | — | — | 0.1782*** | — | — | 0.0131*** |
| *IND* | — | 0.0523*** | 0.0454*** | — | -0.0199 | -0.0203 |
| *INS* | 0.0474*** | 0.0200*** | 0.0136** | 0.0845*** | 0.0449*** | 0.0439*** |
| $Adj \cdot R^2$ | 0.0150*** | 0.0570*** | 0.0880*** | 0.0100*** | 0.0310*** | 0.0320*** |
| 中介效应大小 | — | — | 0.0064 | — | — | 0.0010 |

注：*、**和***分别表示系数在10%、5%和1%水平下显著。

## 5.4.2　其他控制变量

为了验证上述主要结论的稳健性，本章在此进一步控制了其他可能影响股价超额收益率联动性的变量，包括上市公司的地理关系矩阵（$GOG$）、股票是否为同一个指数成分股（$IDX$）和财务杠杆比率差异（$FIN$）（Anton 等，2014）。上市公司地理关系矩阵（$GOG$）里的每个元素 $GOG_{ij}$ 表示上市公司 $i$ 和 $j$ 是否位于同一省份或州，若是，则为 1，否则为 0；股票是否为同一个指数成分股矩阵（$IDX$）里的每个元素 $IDX_{ij}$ 表示上市公司 $i$ 和 $j$ 是否均为上证 180 指数成分股（中国市场）和标普 500 指数成分股（美国市场），若是，则为 1，否则为 0；财务杠杆比率差异矩阵（$FIN$）里的每个元素 $FIN_{ij}$ 表示股票 $i$ 和 $j$ 财务杠杆比率（长期负债/总资产）差的绝对值。

表 5.14 给出了进一步考虑其他控制变量后，信息扩散对股价联动影响的回归结果。可以看出，在中国市场，个体投资者信息流量矩阵（$IND$）在 1% 的水平下对股价超额收益率联动性存在显著正影响，系数为 0.0524；机构投资者共同持股关系矩阵（$INS$）同样在 1% 的水平下对股价超额收益率联动性存在显著正影响，系数为 0.0188，小于 $IND$ 的系数。在美国市场，个体投资者信息流量矩阵（$IND$）依然对股价超额收益率联动性没有显著影响，机构投资者共同持股关系矩阵（$INS$）在 1% 的水平下对股价超额收益率联动性存在显著正影响，系数为 0.0418。这些结论与表 5.3 的结论是一致的，再次说明假设 H5.1 和假设 H5.2 是成立的。在中国市场，上市公司的地理关系矩阵（$GOG$）在 5% 的水平下对股价超额收益率联动性存在显著正影响，系数为 0.0169，说明位于同一省份的上市公司，其股价联动性更强。在美国市场，财务杠杆比率差异（$FIN$）在 10% 的水平下对股价超额收益率联动性存在显著负影响，说明上市公司财务杠杆比例差异越大，其股价联动性越弱。这些结果与 Anton 等（2014）的研究结果是一致的。

表 5. 14　　　考虑其他控制变量后信息扩散对股价联动的影响

| | 中国市场 | | 美国市场 | |
|---|---|---|---|---|
| | Coefficient | Significance | Coefficient | Significance |
| *Constant* | 0. 0000 | — | 0. 0000 | — |
| *IND* | 0. 0524*** | 0. 0000 | − 0. 0060 | 0. 1950 |
| *INS* | 0. 0188*** | 0. 0080 | 0. 0418*** | 0. 0000 |
| *DHY* | 0. 1618*** | 0. 0000 | 0. 1691*** | 0. 0000 |
| *DMV* | − 0. 1348*** | 0. 0000 | − 0. 0198** | 0. 0170 |
| *DP* | − 0. 0626*** | 0. 0010 | − 0. 0234** | 0. 0130 |
| *DPE* | 0. 0295** | 0. 0260 | 0. 0162* | 0. 0690 |
| *GOG* | 0. 0169** | 0. 0100 | 0. 0075 | 0. 1720 |
| *IDX* | − 0. 0667*** | 0. 0000 | − 0. 0055 | 0. 2500 |
| *FIN* | 0. 0088 | 0. 2730 | − 0. 0116* | 0. 0820 |
| $Adj \cdot R^2$ | 0. 0610*** | 0. 0000 | 0. 0350*** | 0. 0000 |

注：*、**和***分别表示系数在10%、5%和1%水平下显著。

　　表 5. 15 给出了在进一步控制其他控制变量后，个体投资者交易行为的中介效应检验结果。从中可以看出，在中国市场，在式（5 - 6）中加入个体投资者交易行为一致性变量后（$COR_{BSI}^{IND}$），个体投资者信息流量（*IND*）的系数减少了50. 19%，显著性水平由1%下降到5%，说明个体投资者交易行为发挥了较明显的中介作用，中介效应大小为0. 0263（0. 0524 − 0. 0261）。在美国市场，个体投资者引起的信息扩散对股价超额收益联动性没有显著影响，依然不满足中介效应检验的前提条件。这些结论与表 5. 5 是一致的，说明在进一步控制其他可能影响股价超额收益率联动性的变量后，在以个体投资者为主导的中国市场，个体投资者引起的信息扩散能够通过影响其交易行为，进行影响股价联动。

表 5.15　考虑其他控制变量后个体投资者交易行为的中介效应检验

| | 中国市场 | | | 美国市场 | | |
|---|---|---|---|---|---|---|
| | $COR_{BSI}^{IND}$ | $COR$ | | $COR_{BSI}^{IND}$ | $COR$ | |
| | Eq. (5-7) | Eq. (5-5) | Eq. (5-8) | Eq. (5-7) | Eq. (5-5) | Eq. (5-8) |
| Constant | 0.0000 | 0.0000 | 0.0000 | 0.0000 | 0.0000 | 0.0000 |
| DHY | 0.0500*** | 0.1618*** | 0.1498*** | 0.0077* | 0.1691*** | 0.1689*** |
| DMV | -0.0833** | -0.1348*** | -0.1145*** | -0.0358*** | -0.0198** | -0.0190** |
| DP | -0.0684** | -0.0626*** | -0.0461*** | -0.0267*** | -0.0234** | -0.0226** |
| DPE | 0.0190 | 0.0295** | 0.0249** | 0.0241*** | 0.0162* | 0.0111* |
| GOG | 0.0060 | 0.0170** | 0.0155** | 0.0047 | 0.0075 | 0.0075 |
| IDX | -0.0190 | -0.0668*** | -0.0621*** | -0.0042 | -0.0055 | -0.0046 |
| FIN | -0.0800*** | 0.0088 | 0.0280** | 0.0057 | -0.0116* | -0.0119* |
| $COR_{BSI}^{IND}$ | — | — | 0.2413*** | — | — | 0.0344*** |
| IND | 0.1137*** | 0.0524*** | 0.0261** | -0.0015 | -0.0060 | -0.0057 |
| INS | — | 0.0188*** | 0.0154** | — | 0.0418*** | 0.0400*** |
| $Adj \cdot R^2$ | 0.0350*** | 0.0610*** | 0.1170*** | 0.0040*** | 0.0350*** | 0.0360 |
| 中介效应大小 | | | 0.0263 | | | |

注：*、**和***分别表示系数在10%、5%和1%水平下显著。

表 5.16 给出了在进一步控制其他控制变量后，机构投资者交易行为的中介效应检验结果。从表 5.16 中可以看出，在中国市场，在式（5-6）中加入机构投资者交易行为一致性变量后（$COR_{BSI}^{INS}$），机构投资者共同持股关系矩阵（INS）的系数减少了5.56%，显著性水平由1%下降到5%，说明机构投资者交易行为发挥了较明显的中介作用，中介效应大小为 0.0010（0.0188 - 0.0178）。在美国市场，机构投资者交易行为的中介效应依然并不明显。这些结论与表 5.6 是一致的。

117

表 5.16 考虑其他控制变量后机构投资者交易行为的中介效应检验

| | 中国市场 | | | 美国市场 | | |
|---|---|---|---|---|---|---|
| | $COR_{BSI}^{IND}$ | $COR$ | | $COR_{BSI}^{IND}$ | $COR$ | |
| | Eq. (5−7) | Eq. (5−5) | Eq. (5−8) | Eq. (5−7) | Eq. (5−5) | Eq. (5−8) |
| Constant | 0.0000 | 0.0000 | 0.0000 | 0.0000 | 0.0000 | 0.0000 |
| DHY | 0.0205*** | 0.1618*** | 0.1607*** | 0.0105** | 0.1691*** | 0.1691*** |
| DMV | 0.0014 | −0.1348*** | −0.1346*** | −0.0212*** | −0.0198** | −0.0196** |
| DP | 0.0128 | −0.0626*** | −0.0634*** | −0.0086 | −0.0234** | −0.0233** |
| DPE | 0.0023 | 0.0295** | 0.0293** | −0.0011 | 0.0162* | 0.0116* |
| GOG | 0.0067 | 0.0170** | 0.0165*** | 0.0004 | 0.0075 | 0.0075 |
| IDX | 0.0563*** | −0.0668*** | −0.0695*** | 0.0208*** | −0.0055 | −0.0057 |
| FIN | −0.0062 | 0.0088 | 0.0092 | −0.0034 | −0.0116* | −0.0116* |
| $COR_{BSI}^{IND}$ | — | — | 0.0631*** | — | — | 0.0082** |
| IND | — | 0.0524*** | 0.0499*** | — | −0.0060 | −0.0059 |
| INS | 0.0273*** | 0.0188*** | 0.0178** | 0.0519*** | 0.0418*** | 0.0413*** |
| $Adj \cdot R^2$ | 0.0050*** | 0.0610*** | 0.0650*** | 0.0060*** | 0.0350*** | 0.0350*** |
| 中介效应大小 | — | | 0.0010 | — | | 0.0005 |

注：*、**和***分别表示系数在10%、5%和1%水平下显著。

## 5.5 本章小结

本章对比分析了在投资者结构不同的中美股票市场上，个体投资者和机构投资者引起的股票信息扩散对股价联动的影响差异，并从投资者交易行为的角度出发，探究股票信息扩散对股价联动关系的影响渠道，进一步从信息扩散速度的视角出发，分析了股价联动的"领先—滞后"效应。

本章创新性地采用个体投资者在社交媒体上的信息交互数据，度量个体投资者引起的股票信息扩散，并利用机构投资者共同持股数量和地理距离等指标，构建机构投资者引起的股票信息扩散指标。经研究发现，在以个体投资者为主导的中国市场，相较于机构投资者，个体投资者引起的股票信息扩散对股价超额收益率联动性的影响更大；而在以机构投资者为主导的美国市场，机构投资者引起的股票信息对股价超额收益率联动性的影响更大；此外，在考虑两个市场个体投资者"羊群行为"差异的基础上，上述结论依然是稳健的。以订单不平衡指标作为投资者交易行为的度量指标，本章进一步探究了交易行为在股票信息扩散影响股价联动过程中的中介作用，发现仅中国市场个体投资者的交易行为在这一中间过程中发挥了完全中介作用，而机构投资者的交易行为在两个市场均起到了部分中介作用，说明个体和机构投资者引起的信息扩散能够通过影响其交易行为，进而导致股价联动。从信息扩散速度的视角出发，本章还发现在中国市场，个体投资者在社交媒体上的信息交互能够引起股票信息扩散，且其扩散速度，能够导致股价超额收益率的联动性存在"领先—滞后"效应现象，且相较于机构投资者，个体投资者引起的股票信息扩散对股价超额收益率的联动性有预测能力。上述结论在考虑样本区间和其他可能影响股价联动的因素后，依然是稳健的。

综上所述，本章的研究为信息扩散影响股价联动提供了新证据，是对"口耳相传"效应影响资产价格行为相关研究的重要补充。此外，本章的研究结论有助于理解投资者交易行为，在信息扩散影响股价联动过程中发挥的作用，为信息扩散影响股价联动的渠道提供了实证证据。从现实意义出发，本章的研究结论有助于投资者理解股票市场风险传导过程、影响因素和渠道，对投资者加强投资组合风险管理具有重要的现实意义；同时，对监管层针对不同市场特点，给出有针对性的金融市场风险管理措施，有一定的借鉴意义。例如，监管层应从源头出发，建立健全互联网信息管理机制和舆情导控机制，提升舆论引导的效率，加大对互联网信息传播的管理力度，防止股票市场虚假信息等在个体信息交互的作用下迅速蔓延，加剧股票市场风险传导。

# 第6章　互联网信息扩散影响
# 股价联动的微观机制

本书第3章和第5章从实证的角度对互联网信息扩散影响股票市场风险传导的程度和渠道进行了深入探究，分析了个体在社交媒体上的信息交互对股价联动的影响，以及不同类型信息的扩散对股价联动的影响差异，并进一步对比分析了在具有不同投资者结构的市场中，个体和机构投资者引起的信息扩散对股价联动的影响差异，并从投资者交易行为的角度出发，探究了互联网信息扩散影响股价联动的渠道。但对互联网信息扩散影响股票市场风险传导的微观机制有待考察，个体在社交媒体上的微观行为，如何通过影响股票价格进而影响股价联动的具体机制尚不清楚。本章以上述实证结论为依据，通过计算实验金融方法，进一步探究个体在社交媒体上的共同关注行为和信息交互行为在股票市场风险传导中的作用，以揭示互联网信息扩散影响股价联动的微观机制。

## 6.1　理论分析

对资产价格异象的理解，如股价过度联动，有助于揭示股票市场风险传导的原因和过程，对于股票市场风险管理和投资组合管理具有重要意义。社交媒体的发展为投资者的信息交换提供了极大的便利，导致股票市场的信息扩散速度加快和信息扩散网络结构更为复杂。与此同时，股票市场风险事件频发、风险传导速度不断加快，金融系统脆弱性与日俱增（张维等，2013）。现有文献也开始利用社交媒体的数据，实证分析信息扩散对股价联动的影响（Liu 等，2015；刘海飞等，2017；Drake 等，2017；Jiang 等，2019），但鲜有文献对这一影响背后的形成机理进行探究。本书立足有限关注理论和"羊群效应"，以社交媒体上个体的共同关注和信息交互等微观行为为现实依据，构建股票风险传导计算实验模型，揭示社交媒体信息扩散影响股价联动的微观机制。

有限关注理论认为，投资者的注意力是认知过程中的一种稀缺资源（Hirshleifer 等，2003），导致其有选择性地配置注意力（王宗胜等，2010）。在有限注意力的约束下，投资者倾向于采取简单的分类决策模式，更多地关注市场或行业信息而忽略公司特质信息时，这会促进市场或行业信息进入股价，进而增加股价联动性（Peng 等，2006）。Peng 等（2007）发现，投资者的注意力在市场或行业信息以及公司特质信息之间存在动态分配，导致股价联动性存在时变特征。此外，当投资者的注意力被外部冲击吸引而偏离股票市场时，会导致仅有的注意力向市场或行业信息倾斜和股价联动性的增加（Huang 等，2019；Hu 等，2020）。

社交媒体的发展（如股吧等）加快和扩大了市场或行业信息以及公司特质信息的扩散速度和范围。但受有限注意力理论的限制，个体投资者往往仅活跃在有限数量个股吧中，而不会关注所有股吧。当投资者同时关注两个股吧时，其在不同股吧间的发帖和回帖等行为，促进了各类信息在两个股吧间的扩散，若信息扩散加快市场或行业信息进入股价，可能会导致股价正关联的增加；若信息扩散加快公司特质信息进入股价，可能会使两只股票的价格发生偏离，引起股价负关联的增加，并且同时关注两个股吧的投资者越多，信息扩散效应越强，对股价联动的影响可能大。基于上述分析，本书在少数者博弈模型的基础上，以个体投资者对不同股吧关注行为的实证分析结果为依据，构建计算实验模型，探究主体对不同股票的共同关注对股价联动的影响。

"羊群效应"是指投资者采用他人的行为替代自己的私有信息作为决策依据（Scharfstein 等，1990）。简单来说，就是市场中的投资者在一段时间内买卖相同的股票（Lakonishok 等，1992），从而导致股票价格波动。当投资者在多只股票的交易上表现出较强的"羊群效应"时，就会导致股票价格的"同涨同跌"现象，从而加剧股价联动性（Li 等，2019）。社交媒体的信息交互功能为投资者观察他人行为获取私有信息以期改善决策提供了便利，实现了投资者对先行者决策行为的模仿跟随，容易导致信息瀑布进而产生"羊群效应"（Bikhchandani 等，1998；郑瑶等，2016）。在信息驱动的"羊群行为"作用下，两个股吧内的个体投资者在交互相同市场或行业信息时，会增加两只股票价格的正关联；若交互公司特质信息，则会使两只股票的价格发生偏离，进而导致负关联的增强。因此，本书在考虑个体投资者共同关注的基础上，进一步将个体在社交媒体上的信息交互行为纳入少数者博弈模型，探究主体的信息交互行为以及信息交互网络特征的改变对股价联动的影响。

少数者博弈模型（Minority Game）最早由 Challet 和 Zhang（1997）提出，是一个研究在有限资源下复杂性竞争系统的博弈模型，能够有效地刻画经济个体之间既相互竞争又相互协作的复杂行为，并被广泛应用于金融复杂系统建模，在金融市场多资产价格仿真模拟（Martino 等，2007；Bianconi 等，2008；Yang 等，2018）、市场冲击（Barato 等，2013）和投资者行为（Mello 等，2010；Zhang 等，2016；Kristoufek 等，2017）等方面得到了长足的发展和应用。

与上述文献相比，本书的研究主要存在以下贡献：第一，首次从社交媒体上个体的共同关注和信息交互等微观行为出发，厘清信息扩散影响股市风险传导的形成机理，是对该领域研究的重要拓展；第二，采用少数者博弈模型构建基于主体微观行为特征的风险传导模型，以用户在股吧中的实际信息扩散特征为模型参数设定依据，拓展了金融风险研究的方法和途径，充实了计算实验金融研究模型、提高了模型的预测精度；第三，基于个体共同关注和信息交互行为特征的实证分析与仿真模拟，是对有限关注理论和"羊群效应"的重要丰富。

## 6.2　MG 模型构建

根据上述研究目的，本书在 Challet 等（1997）、Yang 等（2018）的基础上，将市场上主体对某只股票的预期收益分为以下三个部分：一是受该股票自身历史收益的影响，二是受其他股票历史收益的影响，三是受其他个体对该股票预期收益的影响。

假设市场上共有 $N$ 个个体，个体根据股票的历史收益和自己对该股票的预期，作出交易决策。表 6.1 给出个体 $i$ 根据股票滞后一期的历史收益率（$m=1$）和当期的预期收益做决策时，其策略集中的某个策略。其中，$R_{l,t-m}$ 表示股票 $l$ 在第 $t-m$ 期的历史收益率，$Re_{il,t}$ 表示个体 $i$ 在第 $t$ 期关于股票 $l$ 的预期收益，0

表示收益率等于 0，+ 表示收益大于 0，- 表示收益小于 0，$s$ 表示个体拥有的策略集中的第 $s$ 个策略（$s = 1，\cdots，S$），$\sigma_{ls}^i = 1$、$/$ 或 $-1$ 表示买入、不交易或卖出决策。

表 6.1　　　　　　　　个体 $i$ 关于股票 $l$ 的某个策略（$m = 1$）

| $R_{l,t-m}$ | + | + | + | 0 | 0 | 0 | − | − | − |
|---|---|---|---|---|---|---|---|---|---|
| $Re_{il,t}$ | + | 0 | − | + | 0 | − | + | 0 | − |
| $\sigma_{ls}^i$ | 1 | 1 | 0 | 1 | 0 | −1 | 0 | −1 | 1 |

考虑个体 $i$ 可能会同时活跃在多个股吧中，其关于股票 $l$ 的预期除了受该股票滞后期历史收益率的影响，可能还会受其他股票历史收益率的影响；此外，由于个体 $i$ 在股票 $l$ 对应的股吧中与其他个体有信息交互，其对股票 $l$ 的预期可能还会受到其他个体关于该股票预期的影响。因此，本文对个体 $i$ 关于股票 $l$ 的预期做如下定义：

$$Re_{il,t} = \alpha_l P_{il}^{atte} R_{l,t-1} + \beta \sum_{k,l \notin k}^{K} P_{ik}^{atte} R_{k,t-1} + \gamma \sum_{n}^{N_i} P_{ijl}^{info} Re_{jl,t-1}$$

$$(6-1)$$

其中，$Re_{il,t}$ 为个体 $i$ 对股票 $l$ 在第 $t$ 时刻的预期；$R_{l,t-1}$ 为股票 $l$ 在第 $t-1$ 时刻的历史收益；$K$ 为个体 $i$ 关注的所有股票集合，$R_{k,t-1}$ 为个体 $i$ 关注的股票 $k$ 在第 $t-1$ 时刻的历史收益，$P_{ik}^{atte}$ 表示个体 $i$ 对股票 $k$ 的关注概率；$N_i$ 表示在股票 $l$ 对应的股吧内与个体 $i$ 有信息交互的其他个体集合，$Re_{jl,t-1}$ 为与个体 $i$ 有信息交互的个体 $j$ 关于股票 $l$ 在第 $t-1$ 时刻的预期收益，$P_{ijl}^{info}$ 表示个体 $i$ 与个体 $j$ 在股票 $l$ 对应的股吧内的信息交互概率。

关于个体 $i$ 对股票 $k$ 的关注概率（$P_{ik}^{atte}$），本章采用个体在不同股吧内的实际发帖或回帖数据计算，在某个股吧内的发帖和回帖数量越多，则认为其对该股吧的关注程度越高，计算方法如下：

$$P_{ik}^{atte} = \frac{Tw_{ik}}{\sum\limits_{k}^{K} Tw_{ik}} \qquad (6-2)$$

其中，$Tw_{ik}$ 表示个体 $i$ 在股票 $k$ 对应的股吧内中发帖和回帖数量之和，上式满足 $\sum\limits_{k}^{K} P_{ik}^{atte} = 1$。

个体 $i$ 与其他个体的信息交互概率（$P_{ijl}^{info}$），同样根据个体在股吧内的实际信息交互行为计算，参考 Zhang 等（2013）、Shen 等（2013）以及徐建民等（2020）的做法，采用如下方法计算：

$$P_{ijl}^{info} = \frac{Rp_{ij,l}}{\sum\limits_{n}^{Ni} Rp_{ij,l}} \qquad (6-3)$$

其中，$Rp_{ij,l}$ 表示在股票 $l$ 对应的股吧内个体 $i$ 回复个体 $j$ 的帖子的次数，式（6-3）满足 $\sum\limits_{n}^{N_i} P_{ijl}^{info} = 1$。

初始时刻，即 $t = 0$ 时刻，对于每只股票，每个个体从整个策略空间中随机选择 $S$ 个策略，构成自己的策略集合，并在随后的交易中一直使用该 $S$ 个策略作出决策，每个策略的初始分数为 0。由于初始时刻没有历史收益，因此，每个个体随机选择交易哪只股票，以及随机选择买入、不交易或卖出。在所有个体作出交易决策后，计算股票超额需求：

$$D_{l,t} = \sum\limits_{i}^{N} \sigma_{ls,t}^{i} \qquad (6-4)$$

其中，$D_{l,t}$ 为 $t$ 时刻股票 $l$ 的超额需求，$\sigma_{ls,t}^{i}$ 为个体 $i$ 在 $t$ 时刻，根据策略 $s$ 对股票 $l$ 作出的交易决策。$t$ 时刻，股票 $l$ 的价格如下（Challet 等，2001；Yeung 等，2008；Challet 等，2001）：

$$P_{l,t}^{SIM} = P_{l,t-1}^{SIM} + sgn(D_{l,t}) \mid D_{l,t} \mid^{1/2} \qquad (6-5)$$

$t$ 时刻，股票 $l$ 收益率的计算方法如下：

$$R_{l,t}^{SIM} = log(P_{l,t}^{SIM} / P_{l,t-1}^{SIM}) \qquad (6-6)$$

$t$ 时刻，个体 $i$ 策略集中策略 $s$ 的分数计算方法如下：

$$U_{ls,t}^{i} = U_{ls,t-1}^{i} - sgn(D_{l,t})\, \sigma_{ls,t}^{i} \qquad (6-7)$$

其中，$U_{ls,t}^{i}$ 为个体 $i$ 在交易股票 $l$ 时选择的策略 $s$，在 $t$ 时刻的策略得分，$\sigma_{ls,t}^{i}$ 为对应的交易决策。每个时刻，仅关注单只股票的个体，在每个时刻交易该只股票；同时关注多只股票的个体，根据每只股票上一时刻最高分策略的分数，选择交易哪只股票，如若 $U_{1s,t-1}^{i}$ 大于（小于）$U_{2d,t-1}^{i}$，则 $t$ 时刻，个体 $i$ 选择使用最高分策略 $s$（$d$）交易股票 1（股票 2）；若 $U_{1s,t-1}^{i}$ 等于 $U_{2d,t-1}^{i}$，则随机选择交易股票 1 或股票 2。

综上所述，个体对某只股票的预期收益受到三个因素的影响：一是个体对该股票的关注概率以及该股票历史收益率的影响；二是个体对其他股票的关注概率，以及其他股票历史收益率的影响；三是该股票对应的股吧内其他个体关于该股票的预期收益，以及股吧内个体信息交互网络的结构。

## 6.3　数据与模型参数

### 6.3.1　数据说明

为了使模拟结果能够反映真实市场交易情况，本章对个体关注的股票数量、关注程度以及个体间的信息交互概率等参数的设定，均根据实际市场上个体投资者在不同个股股吧内的信息交互数据得到。为了选择合适的样本股作为模型参数设定的依据，本章沿用第 3 章和第 4 章的样本选择标准。由于个体投资者的行为

127

对不同市值股票的价格联动影响存在差异，且不同市值股票的波动率不同（Kumar 等，2006）。因此，首先，根据上证 A 股 2019 年日度流通市值的均值，将其分为三组，在每一组内随机选择 100 只股票，共得到 300 只股票。其次，为了确保股票的流动性，剔除了 300 只股票中非连续交易的个股；最后，选取了 243 只样本股。

个体在股吧内的发帖、回帖等数据，主要通过 Python 爬虫程序采集于雪球网，采集区间从 2019 年 1 月 1 日至 12 月 31 日，采集字段包括发帖人 ID、发帖时间、发帖内容、回复人 ID、回复时间和回复内容。股票数据包括个股日度收盘价和日度流通市值，来自 Wind 数据库；中国市场的日度无风险利率和日度五因子模型数据，来自 RESSET 数据库。

### 6.3.2　参数设定

（1）基本参数设定。

考虑到模型效率以及计算机运算能力的限制，本章设定市场上个体总数 $N = 2000$；模拟步长 $T = 1000$，个体策略集中的策略数量 $S = 2$；个体根据滞后一期历史收益率作出预期，即 $m = 1$；为了确保模拟价格在整个模拟期间均为正，设置初始价格 $P_0 = 2000$。

参考 Yang 等（2018）的做法，对式（6 - 1）中参数 $\alpha$ 的取值，即股票滞后一期历史收益率对个体当期预期收益的影响，本文根据样本股对数收益率的一阶自回归系数设为参数 $\alpha$。表 6.2 给出了 243 只样本股对数收益率一阶自回归系数的描述性统计，样本股一阶自回归系数的均值为 0.1030，因此本章将参数 $\alpha$ 设为 0.1。

表 6. 2　　　　　　　　　　一阶自回归系数的描述性统计

| Mean | Std | min | 25% | 50% | 75% | max |
|------|-----|-----|-----|-----|-----|-----|
| 0. 1030 | 0. 0492 | − 0. 0559 | 0. 0357 | 0. 1072 | 0. 1315 | 0. 1837 |

　　由于个体投资者的注意力是一种稀缺资源（Hirshleifer 等，2003），因此，其不会同时活跃在 243 个个股股吧中，同样不会同时持有 243 只股票。表 6. 3 给出了 243 个个股股吧中所有用户关注的股吧数量的描述性统计，以用户在某个股吧中是否有发帖或回帖行为衡量用户是否关注了该股吧。从表 6. 3 中可以看出，75% 的用户仅会活跃在 1 ~ 2 个股吧中，平均每个用户会关注将近 3 个股吧，关注的股吧数量最大值为 243 个，这一结果可能是由于机器人用户的存在导致的。因此，在模拟过程中，以 243 只股票中的 3 只股票为最终的模拟样本，即股票数量：$L = 3$。

表 6. 3　　　　　　　　用户关注的股吧数量的描述性统计

| Mean | Std | min | 25% | 50% | 75% | max |
|------|-----|-----|-----|-----|-----|-----|
| 2. 57 | 5. 23 | 1. 00 | 1. 00 | 1. 00 | 2. 00 | 243. 00 |

　　（2）模拟样本的选择。

　　由于个体投资者的注意力在市场或行业信息以及公司特质信息之间存在动态分配（Peng 等，2006；Peng 等，2007），当同时活跃在两个股吧中的投资者的信息扩散行为，促进了市场或行业信息进入股价，可能会导致股价正关联的增加；若促进了公司特质信息进入股价，则可能会使两只股票的价格发生偏离，引起正关联的减弱甚至是股价负关联的增加（Huang 等，2019；Hu 等，2020）。因此，有必要在模拟过程中将样本股分为正关联组和负关联组，分别进行模拟。

　　本章将 243 个样本股中的 29403 只股票对，按照超额收益率的相关系数（$\rho_{lk}^{ACT}$）是否大于零分为正关联组和负关联组[1]，并给出了每组股吧个体投资者的情绪差异 [$STID'_{lk}$，采用式（3－16）计算[2]] 和共同活跃用户比例（$Ratio_{lk}$，对应两个股吧共同活跃用户数量占两个股吧总人数的比例）等指标在不同分位数上的均值，结果见表6.4。从表6.4中可以看出，对正关联组来说，收益率序列的相关系数越大，即正关联越强，两个股吧的共同活跃用户比例越高，用户在两个股吧的情绪差异越低；而负关联组中，负关联越强，两个股吧的共同活跃用户比例越高，用户在两个股吧的情绪差异越高。但总体上来看，正关联组中，共同活跃用户的比例高于负关联组，两个股吧内个体投资者的情绪差异低于负关联组。

表6.4　　　　　　　正、负关联组股票对相关指标的均值

（按股价超额联动性分为四组）

| | [0，25%） | [25%，50%） | [50%，75%） | [75%，100%] |
|---|---|---|---|---|
| 正关联组 | | | | |
| $\rho_{lk}^{ACT}$ | 0.0133 | 0.0410 | 0.0760 | 0.1600 |
| $Ratio_{lk}$ | 0.0197 | 0.0201 | 0.0208 | 0.0256 |
| $STID'_{lk}$ | 0.3108 | 0.3084 | 0.3082 | 0.3016 |
| 负关联组 | | | | |
| $\rho_{lk}^{ACT}$ | －0.1215 | －0.0645 | －0.0352 | －0.0113 |
| $Ratio_{lk}$ | 0.0200 | 0.0194 | 0.0185 | 0.0174 |
| $STID'_{lk}$ | 0.3120 | 0.3118 | 0.3108 | 0.3092 |

上述结论表明，正关联组和负关联组中，股价联动程度的形成原因可能存在差异。一方面，正关联组中共同活跃用户比例较高，共同活跃用户在两个股吧间的信息扩散行为，可能会使市场

---

① 采用5.2.2节中的式（5－1）计算股票的超额收益率。

② 采用式（3－15）计算得到股吧日度情绪差异序列后，取均值，得到$STID'_{lk}$。

或行业信息在两个股吧间传播，进而引起股价正关联程度增加；而负关联组中，在不同股吧内，个体投资者可能在交互不同的公司特质信息，导致两个股吧内个体投资者的情绪差异较大，引起对应股票间的价格发生偏离，正关联减弱甚至是负关联增加。另一方面，个体投资者会根据资产特征将资产划分为不同类型，进而导致同类型资产的价格呈现出较高的正关联性，而不同类型资产价格的正关联较弱甚至表现为负关联（Barberis 等，2003，），如同行业和非同行业（Baca 等，2000；Liu 等，2015）、高价股和低价股（Green 等，2009）等。个体投资者在同行业股票对应的股吧间，传播的市场或行业信息，可能会导致同行业股票价格的正关联较高；而在非同行业股票对应的股吧间，在不同股吧内交互不同的公司特质信息，导致非同行业股票价格的正关联较弱甚至负关联较高。

因此，本章进一步将 243 个样本股中的 29403 只股票对按照是否属于同一行业划分为同行业组和非同行业组，并给出了各组中超额收益率的平均值，结果见表 6.5。我们还采用 $t$ 检验对收益率平均值是否不等于 0 进行了检验，原假设为均值等于 0。从中可以看出，在正关联组中，同行业和非同行业组股票对的平均超额收益率均显著大于 0，但同行业股票对的均值更大，为 0.1241。而负关联组中，同行业和非同行业组股票对的平均超额收益率均显著小于 0，且非同行业组股票对的均值的绝对值更大，为 0.0582，即负关联更强。这一结果与上述推断是一致的，表明个体在股吧中的共同关注和信息交互行为，可能会因为股票特征和交互信息的差异，造成股票价格联动性的差异。再次表明，有必要分组进行模拟，探讨个体的共同关注和信息交互行为，在股价正关联和负关联形成过程中的不同作用。

表 6.5　　　　　同行业组与非同行业组股票对超额收益率的均值

|  | 同行业组 | 非同行业组 |
|---|---|---|
| 正关联组 | 0.1241*** <br> (32.1631) | 0.0696*** <br> (138.1791) |
| 负关联组 | -0.0331*** <br> (-21.2739) | -0.0582*** <br> (-148.1225) |

注：*、**和***分别表示系数在10%、5%和1%水平下显著。

根据上述分析，分别从正关联组和负关联组中选择了3个具有代表性的模拟样本，每组模拟样本的各个统计指标如表6.6所示。正关联组的3个样本股分别为600036、601318、601328股吧，均属于同一行业；负关联组的3个样本股分别为600078、600088、600382股吧，分别属于不同行业。此外，正关联组中模拟样本对应的股吧间的情绪差异均小于负关联组，共同活跃用户比例高于负关联组，与上述结论是一致的。

表 6.6　　　　　　正、负关联组样本股相关指标的值

| $l$ | $k$ | $I_{lk}$ | $\rho_{lk}^{ACT}$ | $STID'_{lk}$ | $Ratio_{lk}$ |
|---|---|---|---|---|---|
| 正关联组 | | | | | |
| 600036 | 601318 | 1 | 0.4228 | 0.1089 | 31% |
| 600036 | 601328 | 1 | 0.2019 | 0.1256 | 14% |
| 601318 | 601328 | 1 | 0.1584 | 0.1304 | 8% |
| 负关联组 | | | | | |
| 600078 | 600088 | 0 | -0.1118 | 0.3400 | 5% |
| 600078 | 600382 | 0 | -0.0582 | 0.3155 | 2% |
| 600088 | 600382 | 0 | -0.0294 | 0.2972 | 1% |

注：$I_{lk}$ 为股票 $l$ 和股票 $k$ 的行业关系，1表示同行业，0表示非同行业，行业分类依据证监会《上市公司行业分类指引》2012年版；$H_l$ 为股票 $l$ 对应的个股股吧内投资者情绪的"羊群效应"，采用式（3-15）计算的情绪指标（$STI_{l,t}$）的标准差衡量。

（3）个体共同关注和信息交互参数的设定。

对于每一组，首先，根据三个模拟样本股对应的股吧中的实

际用户数量和股吧间的实际共同活跃用户数量，确定模拟过程中
2000 个个体在三个股吧中的分布。正关联组中，三只股票对应
的股吧中共有 31718 个用户，600036、601318 和 601328 股吧中
的用户数量占总用户数量的比例分别为 51%、73% 和 16%，其
中，同时活跃在 600036 和 601318 股吧中的用户数量占两个股吧
用户总数的 31%，同时活跃在 600036 和 601328 股吧中的用户数
量占两个股吧用户总数的 14%，同时活跃在 601318 和 601328 股
吧中的用户数量占两个股吧用户总数的 8%，同时活跃在三个股
吧中的用户占三个股吧用户总数的比例为 5.8%。在负关联组
中，三只股票对应的股吧中共有 5718 个用户，600078、600088
和 600382 股吧中的用户数量占总用户数量的比例分别为 43%、
55% 和 7%，其中，同时活跃在 600078 和 600088 股吧中的用户
数量占两个股吧用户总数的 5%，同时活跃在 600078 和 600382
股吧中的用户数量占两个股吧用户总数的 2%，同时活跃在
600088 和 600382 股吧中的用户数量占两个股吧用户总数的 1%，
同时活跃在三个股吧中的用户占三个股吧用户总数的比例
为 0.5%。

其次，对于模拟过程中单个股吧内个体间的信息交互，根据
个体实际信息交互网络[①]的度分布和每个股吧的模拟人数，生成符
合实际信息交互网络度分布规律的模拟信息交互网络，确定模拟
过程中个体间是否有信息交互行为。图 6.1 给出了正、负关联组
样本股对应的股吧内个体实际信息交互网络度分布，可以发现度
分布均服从幂率分布。表 6.7 给出了正、负关联组模拟样本的模拟
人数和对应股吧内个体实际信息交互网络度分布服从的幂率指数。

---

　　① 个体间实际信息交互网络的构建，见图 3.1。

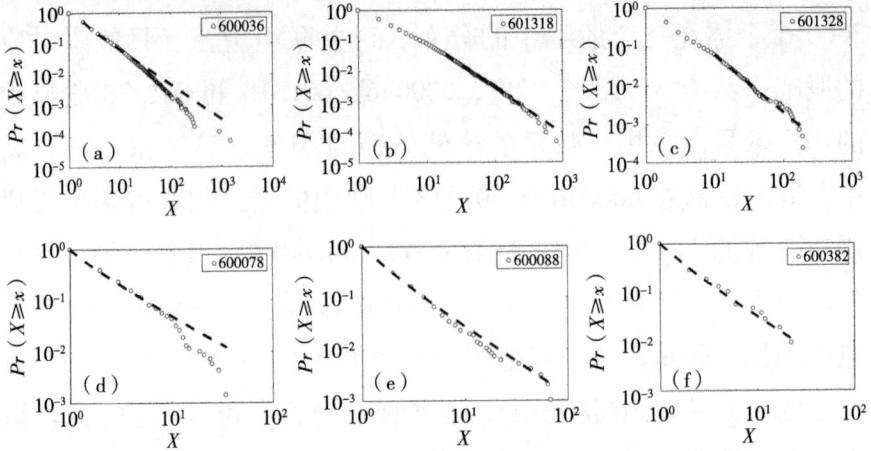

图 6.1　正、负关联组样本股对应的股吧内个体实际信息交互网络度分布

表 6.7　　　　正、负关联组模拟样本的模拟人数和幂率指数

| 正关联组 | 600036 | 601318 | 601328 |
|---|---|---|---|
| 幂率指数 | 2.12 | 2.50 | 2.47 |
| 模拟人数 | 1020 | 1460 | 320 |
| 负关联组 | 600078 | 600088 | 600382 |
| 幂率指数 | 2.10 | 2.32 | 2.26 |
| 模拟人数 | 886 | 1033 | 146 |

最后，为了使模型更具普适性，本章根据式（6-2），计算243个股吧中所有用户对单个股吧的关注概率，得到实际的关注概率的累积概率分布。在模拟过程中，个体对某只股票的关注概率根据实际关注概率的累积概率分布随机取值，当个体同时关注多个股吧时，对随机取得的关注概率进行归一化处理。同样地，根据式（6-3），计算243个股吧中所有用户的信息交互概率，得到实际信息交互概率的累积概率分布，并作为依据计算模拟过程中个体与其他个体的信息交互概率，模拟的信息交互概率依据实际信息交互概率的累积概率分布随机取值，并进行归一化处

理。图6.2给出了整个样本区间内243个股吧中所有用户实际的关注概率和信息交互概率的累积概率分布。

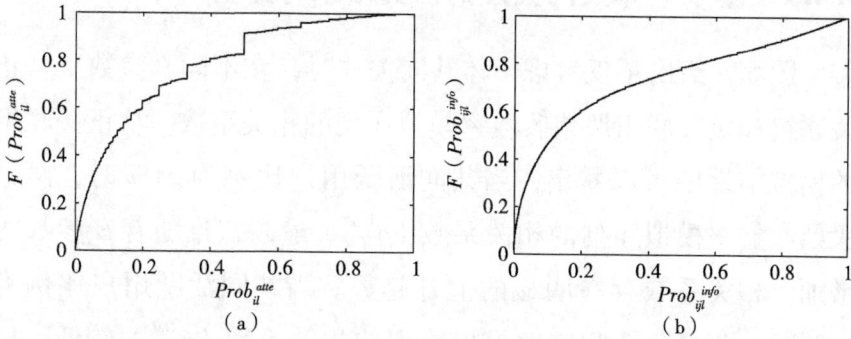

图6.2　关注概率（a）和信息交互概率（b）的累积概率分布

## 6.4　仿真结果与分析

为了探究参数在不同尺度范围内的变化对仿真结果的影响，本章中将 $\log_{10}(\beta)$ 和 $\log_{10}(\gamma)$ 的取值范围设为 $[-3,0]$，且每隔0.1取一个值，对于正关联组和负关联组，$\log_{10}(\beta)$ 分别大于0和小于0，$\log_{10}(\gamma)$ 均大于0。当 $2^m \ll N$ 时，模拟收益率分布会呈现一定的周期性（Challet、Marsili 和 Zhang，2005），进而可能导致收益率序列间表现出较强的相关性。为了避免这种周期性带来的伪相关，本书剔除了相关系数绝对值高于0.8的模拟结果。此外，为了使模拟结果接近真实市场情况，在模拟过程中，对于正关联组，取 $\rho_{lk,t\in[0,100]}^{SIM} \geqslant \rho_{lk}$ 的模拟结果，$\rho_{lk,[0,100]}^{SIM}$ 为股票 $l$ 和 $k$ 前100步收益率模拟序列的相关系数，$\rho_{lk}$ 为股票 $l$ 和 $k$ 实际收益率序列的相关系数；对于负关联组，取 $\rho_{lk,t\in[0,100]}^{SIM} \leqslant \rho_{lk}$ 的模拟结果。最后，在考虑上述所有因素后，为了进一步确保模拟结果的可靠性，本章在相同参数下，取50次模拟结果的平均值，作为两只股票收益率模拟序列相关系数的最终结果。

### 6.4.1　基于个体共同关注的仿真结果与分析

图 6.3 给出了仅考虑个体共同关注时，在不同 $\beta$ 参数下，正关联组和负关联组股票收益率模拟序列的相关系数。从正关联组的模拟结果中可以看出，当共同活跃用户比例为 31% 时，两只股票收益率模拟序列的相关系数（$\rho_{31\%}^{SIM}$）最高，且随着 $\beta$ 参数的增加，相关系数存在明显的上升趋势。当共同活跃用户比例为 14% 时，两只股票收益率模拟序列的相关系数（$\rho_{14\%}^{SIM}$）较低，仅在 $\beta$ 参数较小时存在较为明显的上升趋势，$\beta$ 参数较大时，相关系数趋于稳定。当共同活跃用户比例为 8% 时，相关系数（$\rho_{8\%}^{SIM}$）的趋势与 $\rho_{14\%}^{SIM}$ 类似，但在 $\beta$ 参数较大时，$\rho_{8\%}^{SIM}$ 整体小于 $\rho_{14\%}^{SIM}$。上述结论说明，对正关联组来说，在两只股票对应的股吧中，共同活

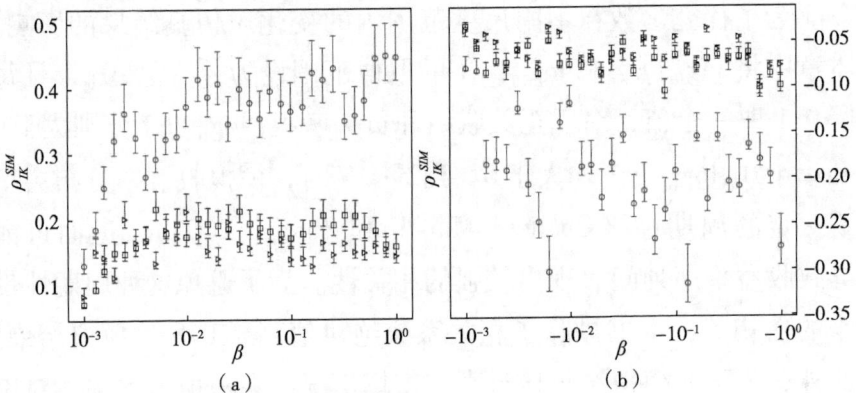

注：图（a）给出了股票对 600036 和 601318（○）、600036 和 601328（□）、601318 和 601328（△）的结果；图（b）给出了股票对 600078 和 600088（○）、600078 和 600382（□）、600088 和 600382（△）的结果。此外，图（a）和图（b）中还给出了每个参数下 50 次模拟结果的 95% 置信区间。

**图 6.3　仅考虑个体共同关注时，**

**正（a）、负（b）关联组股票收益率模拟序列的相关系数**

跃用户比例越高，股价的正关联越强，且 $\beta$ 参数的增加，会放大个体共同关注带来的影响。

从负关联组的模拟结果中可以看出，当共同活跃用户比例为 5% 时，两只股票收益率模拟序列的相关系数（$\rho_{5\%}^{SIM}$）最低，负关联最强，且在 $\beta$ 参数较小时，存在明显的下降趋势，在 $\beta$ 参数较大时趋于稳定。当共同活跃用户比例为 2% 和 1% 时，两只股票收益率模拟序列的相关系数绝对值较低，负关联较弱，且没有随 $\beta$ 参数的增加呈明显的下降趋势。与正关联组相比，负关联组的相关系数绝对值整体较低，原因在于负关联组股票对应的股吧间的共同活跃用户比例较低。

综上所述，个体对不同股票的共同关注行为，能够增加股票价格间的关联程度，$\beta$ 参数的增加放大了个体共同关注的影响。同时活跃在两个股吧中的个体越多，对市场行业信息或公司特质信息的扩散作用越强，进而导致股价正关联或负关联的增加。此外，相较于负关联组，个体的共同关注是引起正关联组股票间价格联动的主要原因。

## 6.4.2　基于个体信息交互的仿真结果与分析

图 6.4 给出了仅考虑个体信息交互时，在不同 $\gamma$ 参数下，正关联组和负关联组股票收益率模拟序列的相关系数。从正关联组的模拟结果中可以看出，不论共同活跃用户比例为 31%、14% 还是 8%，股票收益率模拟序列的相关系数均随参数 $\gamma$ 的增加，呈明显的上升趋势。负关联组的模拟结果与正关联组类似，在共同活跃用户比例为 5%、2% 和 1% 时，股票收益率模拟序列的相关系数均随参数 $\gamma$ 的增加，呈明显的下降趋势。正、负关联组中，模拟收益率序列相关系数的绝对值差异较小，且与

图 6.3（b）相比，个体信息交互引起的价格联动更高。虽然负
关联组股票对应的股吧间的共同活跃用户比例较低，但从表 6.7
中可知，各股吧内个体实际信息交互网络度分布的幂律指数整体
较小，说明网络中度较大的节点较多，股吧内个体信息交互较为
频繁。

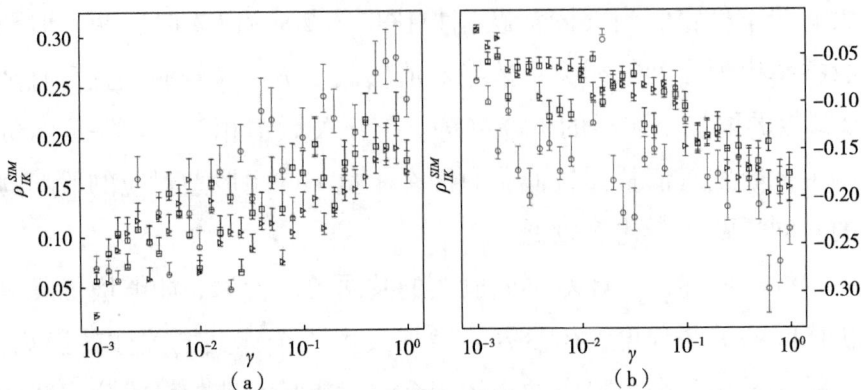

注：图（a）给出了股票对 600036 和 601318（○）、600036 和 601328（□）、601318 和
601328（△）的结果；图（b）给出了股票对 600078 和 600088（○）、600078 和 600382
（□）、600088 和 600382（△）的结果。此外，图（a）和图（b）中还给出了每个参数下 50
次模拟结果的 95% 置信区间。

**图 6.4　仅考虑个体信息交互时，**

**正（a）、负（b）关联组股票收益率模拟序列的相关系数**

此外，在正关联组中，与共同活跃用户比例为 14% 和 8% 相
比，共同活跃用户比例为 31% 时，模拟收益率序列的正关联稍
高，但并不如图 6.3（a）明显；在负关联组中，与共同活跃用
户比例为 2% 和 1% 相比，共同活跃用户比例为 5% 时，模拟收益
率序列的负关联稍高，但同样不如图 6.3（b）明显。上述结论
表明，两个股吧中共同活跃用户的占比在仅考虑个体信息交互
时，也对股价联动有一定的影响。同时，活跃在两个股吧中的个
体越多，促进了信息在不同股吧间的扩散，在一定程度上也促进

了个体间的信息交互。由表 6.7 可知，在正关联组中，当共同活跃用户比例为 31% 和 8% 时，两个股吧内个体实际信息交互网络度分布的幂律指数均值分别为 2.37 和 2.485；在负关联组中，当共同活跃用户比例为 5% 和 1% 时，两个股吧内个体实际信息交互网络度分布的幂律指数均值分别为 2.21 和 2.29，均表现出共同活跃用户比例越高，幂律指数越低的现象。

上述结论表明，个体间的信息交互行为，能够增加股票价格间的关联程度，$\gamma$ 参数的增加放大了个体信息交互的影响，且其是股价负关联增加的主要原因。个体在两个股吧内对相同的市场行业信息或不同的公司特质信息的交互，可能会引起投资者的"羊群效应"，导致个体对两只股票形成同向预期或反向预期，进而加剧股价的正关联或负关联。

### 6.4.3　基于个体共同关注和信息交互的仿真结果与分析

图 6.5 给出了同时考虑个体共同关注和信息交互行为时，不同 $\beta$ 和 $\gamma$ 参数下，正关联组股票收益率模拟序列的相关系数。其中，图 6.5（a）给出了当共同活跃用户比例为 31% 时，股票模拟收益率序列的相关系数，可以看出，当 $\beta$ 参数较小时，$\gamma$ 参数对股价联动起主要作用，$\gamma$ 越大，相关系数越高；当 $\beta$ 参数增大时，相关系数呈现出先上升后下降的趋势，由于在模拟过程中不可避免存在一定的随机性，当两只股票收益率的符号相反时，$\beta$ 参数的作用会减弱股票间的正关联，且在 $\gamma$ 参数的作用下，这一效应会被放大，进而导致相关系数先上升后下降的趋势；尤其是在 $\gamma$ 参数较大时，随 $\beta$ 参数的增大，相关系数的上升幅度较小。图 6.5（b）给出了 $\gamma$ 参数在更小尺度范围上，相关系数随 $\beta$ 参数增加的趋势，可以看出，当 $\gamma=0$ 时，相关系数随 $\beta$ 参数的增

加呈单调递增的趋势，$\gamma = 10^{-6}$时，相关系数大体呈上升趋势，当$\gamma > 10^{-6}$时，相关系数开始呈现先上升后下降的趋势，说明模拟结果对$\gamma$参数较为敏感，个体信息交互行为对股价联动的影响较大。

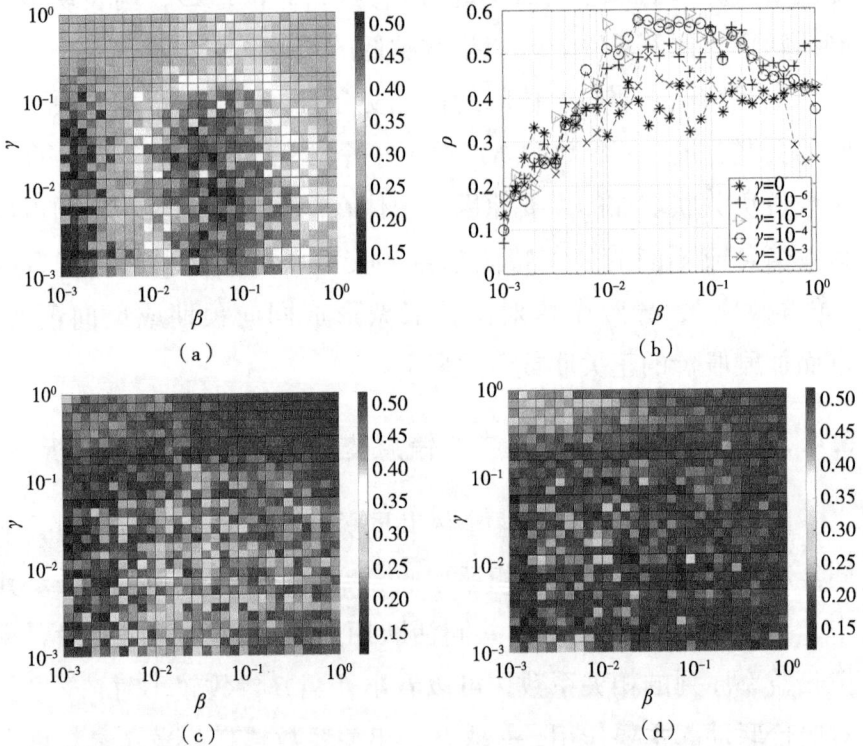

（a）

（b）

（c）

（d）

注：图（a）、图（c）、图（d）分别给出了股票对600036和601318、600036和601328、601318、601328的结果；图（b）给出了股票对600036和601318在$\beta \in [10^{-3}, 1]$和$\gamma \in [0, 10^{-3}]$时的模拟结果。

**图6.5 同时考虑个体共同关注和信息交互行为时，正关联组股票收益率模拟序列的相关系数**

图6.5（c）和图6.5（d）分别给出了当共同活跃用户比例为14%和8%时，在不同$\beta$和$\gamma$参数下，正关联组股票收益率模

拟序列的相关系数，与图6.5（a）相比，图6.5（c）中的相关系数整体较低，图6.5（d）中的相关系数最低，原因在于共同活跃用户比例较低。其中，在图6.5（c）中，虽然相关系数整体较低，但在不同$\beta$和$\gamma$参数下，相关系数的趋势与图6.5（a）大体一致；图6.5（d）中共同活跃用户比例较低，仅为8%，相关系数没有表现出与图6.5（a）较为一致的趋势。

图6.6给出了同时考虑个体共同关注和信息交互行为时，在不同$\beta$和$\gamma$参数下，负关联组股票收益率模拟序列的相关系数。与图6.5中正关联组的模拟结果相比，负关联组股票对应的股吧间，共同活跃用户比例较低，股票模拟收益率序列相关系数的绝对值整体偏低，$\beta$参数对相关系数的影响并不明显，相关系数的绝对值并没有随$\beta$参数的增加呈现出明显的上升趋势。但在图6.6（a）、图6.6（b）和图6.6（c）中，股票模拟收益率序列的负关联程度均随$\gamma$参数的增加而增加，且在图6.6（a）表现的最为明显，再次说明个体信息交互在股价负关联中发挥了主要作用。

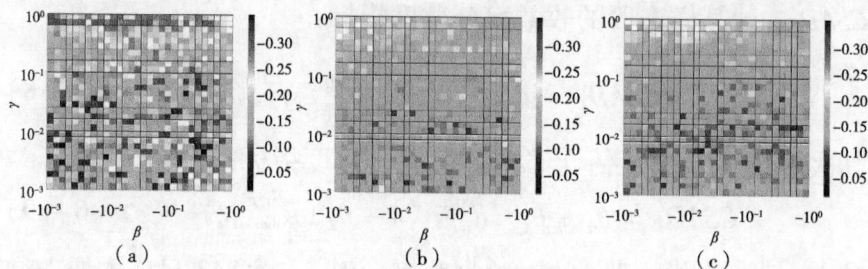

注：图（a）、图（b）、图（c）分别给出了股票对600078和600088、600078和600382、600088和600382的结果。

**图6.6 同时考虑个体共同关注和信息交互行为时，**
**负关联组的股票收益率模拟序列的相关系数**

上述结论再次表明，个体投资者的共同关注行为和信息交互行为，能够增加股票价格间的关联程度，并且两种行为在股价正关联和负关联中发挥的作用存在差异，个体共同关注对股价正关联的影响较大，而个体信息交互在股价负关联中发挥的作用较大。

### 6.4.4 市场波动对仿真结果的影响

当市场存在较大波动时，可能会引发个体的过度自信或恐慌情绪，促使股吧内个体频繁地进行信息交互，且在共同活跃用户的信息扩散作用下，这种过度自信或恐慌情绪可能在不同股吧内蔓延，加剧市场"羊群效应"，导致股价关联程度增加。因此，本章进一步考察了当市场存在较大波动时，股吧内个体的信息交互特征及此时的市场"羊群行为"程度，并探究了此时的个体信息交互行为是否能够进一步提高股价的联动程度。

本章首先参考 Chang 等（2000）、Tan（2008）和顾荣宝等（2015）的做法，采用式（6－8）定义横截面收益绝对偏差 $CSAD_t$，计算样本股的收益率分散度指标：

$$CSAD_t = \sum_{i=1}^{M} |R_{l,t}^{ACT} - R_{market,t}^{ACT}| / M \qquad (6-8)$$

其次由式（6-9）估计"羊群行为"程度指标：

$$CSAD_t = \theta_0 + \theta_1 |R_{market,t}^{ACT}| + \theta_2 (R_{market,t}^{ACT})^2 + \varepsilon \qquad (6-9)$$

其中，$R_{l,t}^{ACT}$ 为样本股 $l$ 的对数收益率，$R_{market,t}^{ACT}$ 为243只样本股对数收益率的均值，$M$ 为样本股数量。"羊群行为"指标 $HBI$ 的定义如下：当 $\theta_2$ 为负值时，$HBI = |\theta_2|$，否则 $HBI = 0$。回归系数 $\theta_2$ 的绝对值越大、越显著，表明市场的"羊群行为"程度越强。本章分别以7个、14个、21个和28个交易日为移动时间窗口的

宽度，估计样本区间内每个交易日的"羊群行为"指标 *HBI*。

图 6.7 给出了不同移动时间窗口宽度下，每个交易日的"羊群行为"指标和上证综指的价格走势图。从中可以看出，不同移动时间窗口宽度下，2019 年 1 月、3 月、5 月和 10 月，市场均表现出较为明显的"羊群行为"。其中，2019 年 1 月和 3 月市场分别处于整体走势上涨的初期和中后期，2019 年 5 月市场处于大幅下跌后的调整阶段，2019 年 10 月市场处于小幅向下调整的阶段。由于股票市场信息更迭迅速且价格调整速度较快，"羊群行为"通常表现为一种脆弱、易变的短期现象（Avery 等，1998；Cipriani 等，2014；朱菲菲等，2019）。从图 6.7 中可以看出，当移动时间窗口宽度越小时，"羊群行为"程度越强；当移动时间窗口宽度过长时，*HBI* 指标仅在市场出现较大波动时大于 0，此时的"羊群行

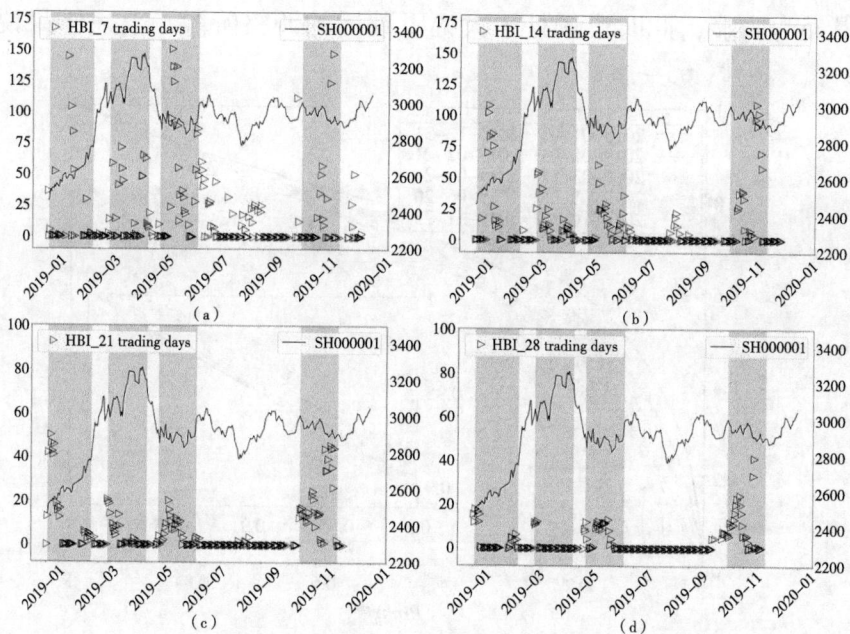

图 6.7　不同移动时间窗口宽度下的"羊群行为"程度指标

为"很可能来源于股票的基本面变化所导致的投资策略改变（朱菲菲等，2019），但窗口宽度过小，会导致统计推断不满足中心极限定理，造成式（6-9）的伪回归现象。因此，本书以21个交易日为移动时间窗口宽度下的"羊群效应"指标为准，统计了市场波动较大的四个时间段内，股吧的信息交互情况，分别为2019-01-03—2019-02-21、2019-03-12—2019-04-24、2019-05-08—2019-06-20和2019-10-14—2019-11-25。

图6.8给出了上述四个不同时间段内和整个样本区间内243个股吧中个体实际信息交互概率的累积概率分布。可以发现，与整个样本区间相比，在市场波动较大的四个时间段内，个体信息交互概率较低时，其累积概率分布的值较小，较高时累积概率分布的值较大，且在时间段2019-05-08—2019-06-20内体现得最为明显，此时市场处于大幅下跌后的调整阶段。上述结果说

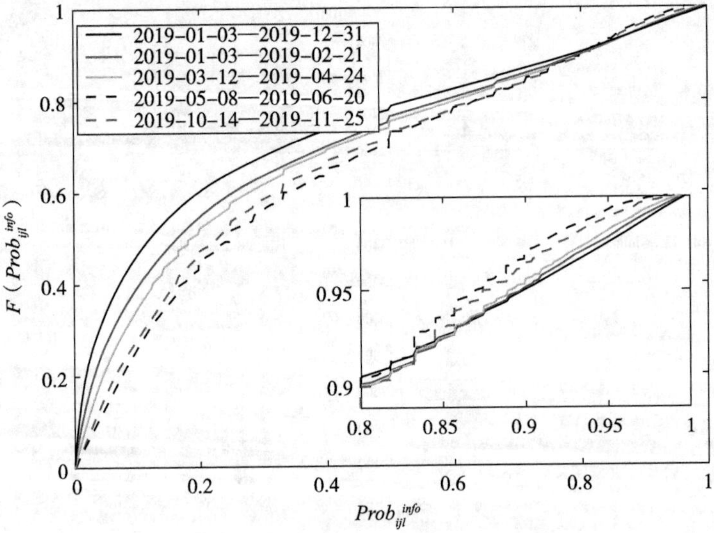

图6.8 不同时间段内信息交互概率的累积概率分布

明,在市场波动较大时,个体的"羊群行为"程度较高,个体在股吧内的信息交互更为频繁,信息交互网络结构更为复杂,交互概率更高,且与股市上涨相比,个体对股市下跌的反应更为强烈。因此,本书分别以 2019 – 03 – 12—2019 – 04 – 24(股市大幅上涨阶段,以下简称上涨阶段)、2019 – 05 – 08—2019 – 06 – 20(股市大幅下跌阶段,以下简称下跌阶段)两个时间段内,股吧内个体的实际信息交互网络度分布规律个体实际信息交互概率的累积概率分布作为依据,生成模拟的信息交互网络并计算模拟过程中个体与其他个体的信息交互概率,进一步考察在市场"羊群行为"程度较高时,个体间的信息交互对股价联动的影响。

图 6.9 给出了不同时间段内,仅考虑个体信息交互时,正关联组的股票收益率模拟序列的相关系数,其中图 6.9(a)为整个样本区内正关联组的股票收益率模拟序列的相关系数,图 6.9(b)和图 6.9(c)分别为市场处于上升和下降阶段时,正关联组的股票收益率模拟序列的相关系数。可以看出,当市场处于上升阶段时,图 6.9(b)中股票收益率模拟序列的相关系数整体稍高于图 6.9(a),共同活跃用户比例为 31%、$\gamma$ 参数等于 1 时,相关系数最高可达 0.35 左右;当市场处于下降阶段时,图 6.9(c)中股票收益率模拟序列的相关系数整体稍高于图 6.9(b),共同活跃用户比例为 31%、$\gamma$ 参数等于 1 时,相关系数最高可达 0.4 左右。上述结论表明,与上涨阶段相比,市场大幅下跌,个体的信息交互行为对股价联动的影响更大,说明个体投资者对市场下跌更为敏感,相应地在股吧中的信息交互也更为频繁,信息交互网络结构更为复杂,导致股价的同涨同跌现象更为明显。

此外，与图 6.4 的结果类似，在仅考虑个体信息交互时，不论市场处于什么阶段，当共同活跃用户比例较高时，模拟收益率序列的正关联稍高，但并不明显，说明共同活跃用户在一定程度上，能够促进股吧内个体间的信息交互。

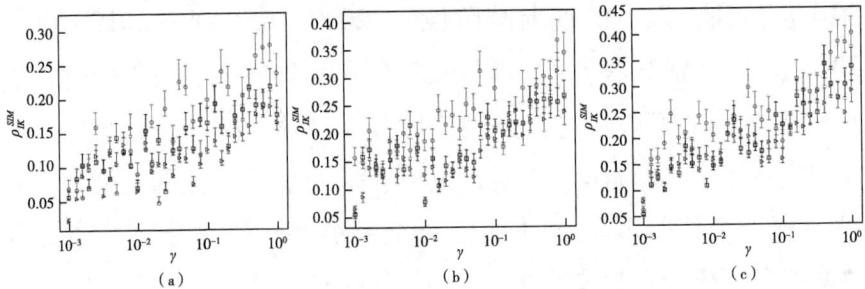

注：图（a）、图（b）、图（c）分别给出了整个样本期、上涨阶段、下跌阶段股票对 600036 和 601318（○）、600036 和 601328（□）、601318 和 601328（△）的结果。此外，图（a）、图（b）、图（c）中还给出了每个参数下 50 次模拟结果的 95% 置信区间。

**图 6.9　仅考虑个体信息交互时，不同阶段内正关联组的模拟结果**

图 6.10 给出了不同时间段内，仅考虑个体信息交互时，负关联组股票收益率模拟序列的相关系数，其中图 6.10（a）为整个样本区内负关联组的股票收益率模拟序列的相关系数，图 6.10（b）和图 6.10（c）分别为市场处于上升和下降阶段时，负关联组的股票收益率模拟序列的相关系数。从中可以看出，与图 6.10（a）相比，图 6.10（b）和图 6.10（c）中相关系数的绝对值整体较大，说明在市场波动较大时，个体间的信息交互对股票价格间的负关联程度影响更大。但在图 6.10（b）和图 6.10（c）中，整体的相关系数并没有表现出明显的差异，说明对于负关联组的股票，个体投资者对市场大幅上涨和下跌没有偏好。

上述结论表明，当市场处于较大波动时，股吧内的个体信息

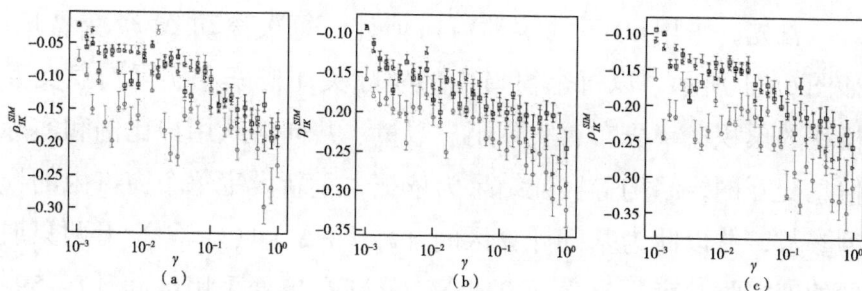

注：图（a）、图（b）、图（c）分别给出了整个样本期、上涨阶段、下跌阶段股票对
600078 和 600088（○）、600078 和 600382（□）、600088 和 600382（△）的结果。此外，
图（a）、图（b）、图（c）中还给出了每个参数下 50 次模拟结果的 95% 置信区间。

**图 6.10　仅考虑个体信息交互时，不同阶段内负关联组的模拟结果**

交互更加频繁，市场"羊群效应"更高，进一步促进了股价联
动程度。此外，对于正关联组的股票，与市场处于上升阶段相
比，个体投资者对市场大幅向下调整传递出的负面消息更为敏感
（Chan，2003），表现出更高程度的"羊群行为"（陈莹、袁建辉
和李心丹等，2010），进而导致此时的个体信息交互行为对股价
联动程度的影响更大。而对负关联组的股票，个体投资者对市场
大幅上涨或下跌没有特殊偏好，模拟收益率序列的相关系数在两
个阶段没有明显差异。

## 6.5　股价联动预测

本章进一步利用本书提出的上述股票风险传导计算实验模
型，对股价联动进行预测。用户在股票 600036 和股票 601318 对
应的股吧内较为活跃，共同活跃用户的比例较高，为 31%，具
有较好的代表性。因此，本章以这两只股票为模拟样本，对股价
联动进行预测。

互联网背景下的股票市场风险传导研究

首先，采用60天的滚动窗口估计，每次滚动 $\Delta t$ 个交易日，如图6.11所示，以每个窗口内的实际关注概率和实际信息交互概率的累积概率分布、实际用户数量、共同活跃用户比例和实际信息交互网络结构等实证结果为依据，重新设定每个窗口内的模型参数，并以此为基础计算区间 $[t, t+\Delta t)$ $(t \geqslant 60)$ 上两只股票的模拟收益率。$\Delta t$ 等于2或8，分别意味着采用区间 $[t-59, t]$ 上的实证结果预测第 $t+1$ 天或区间 $[t+1, t+7]$ 上的收益率。例如，当 $\Delta t = 2$ 时，采用区间 $[1, 60]$ 上的实证结果，来计算第60天（$\rho_{31\%, t=60}^{SIM}$）和预测第61天（$\rho_{31\%, t=61}^{SIM}$）两只股票的模拟收益率序列。

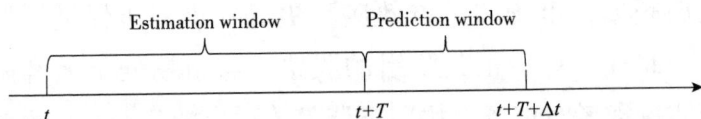

图6.11　滚动时间窗口

其次，为了确定区间 $[1, 60]$ 上的初始收益率，计算不同 $\beta$ 和 $\gamma$ 参数下的 $\rho_{31\%, t=60}^{SIM}$，并与该区间上的实际相关系数 $\rho_{31\%, t=60}^{ACT}$ 相比，发现当 $\beta = 0.32$ 和 $\gamma = 0.032$ 时，两者最为接近，分别为 0.6086 和 0.6085。因此，以 $\beta = 0.32$ 和 $\gamma = 0.032$ 时，区间 $[1, 60]$ 上两只股票的模拟收益率为初始值，计算不同 $\beta$ 和 $\gamma$ 参数下，区间 $[61, 244]$ 上两只股票的模拟收益率序列。

最后，为了确定每个滚动窗口上的最优参数，采用区间 $[t-6, t]$ 上的模拟和实际收益率序列，分别计算第 $t$ 天的 $\rho_{31\%, t}^{SIM}$ 和 $\rho_{31\%, t}^{ACT}$（$t \geqslant 66$），并以两者差值的绝对值（MAE）最小时的 $\beta$ 和 $\gamma$，为该窗口下最优参数。

图6.12给出了当 $\Delta t = 2$ 时，即采用区间 $[t-59, t]$ 内的实

148

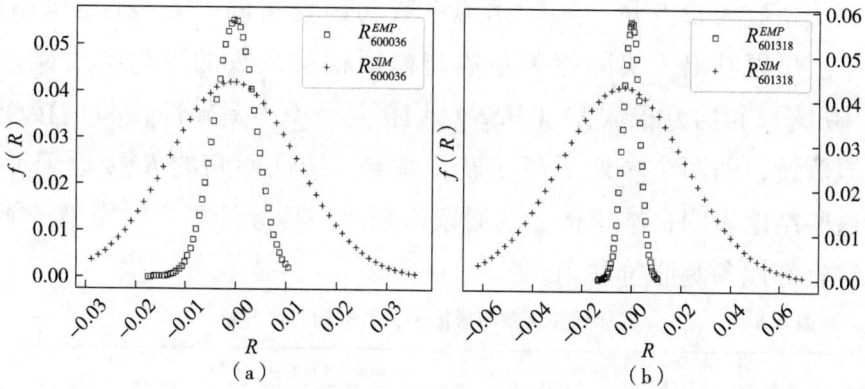

注：图（a）和（b）分别给出了股票 600036 和 601318 的结果。

**图 6.12　$\Delta t = 2$ 时，实际收益率与模拟收益率的分布**

证结果为模型参数设定依据，计算 $t$ 和 $t+1$ 时刻的收益率，不同窗口内最优参数下的两只股票收益率序列的实际值和模拟值的分布，其中图 6.12（a）为股票 600036 收益率序列的实际值与模拟值的分布，图 6.12（b）为股票 601318 收益率序列的实际值与模拟值的分布。从中可以看出，两只股票收益率序列的实际值和模拟值都服从均值接近于 0 的正态分布。图 6.13（a）和图 6.13（b）分别给出了 $\Delta t = 2$ 和 $\Delta t = 8$ 时，即向后预测 1 天和 7 天，每个窗口内最优参数下两只股票实际收益率序列的相关系数 $\rho^{ACT}_{31\%,t}$ 和模拟收益率序列的相关系数 $\rho^{SIM}_{31\%,t}$。可以看出，$\Delta t = 2$ 和 8 时，在最优参数下，两只股票模拟收益率序列的相关系数 $\rho^{SIM}_{31\%,t}$ 与实际收益率序列的相关系数 $\rho^{ACT}_{31\%,t}$ 均非常接近，不同窗口下 *MAE* 的平均值均在 0.0012 左右，误差处于较低的水平。表 6.8 给出了实际相关系数与模拟相关系数的对比分析，包括两个序列的平均绝对误差（*MAE*）和均方根误差（*MSE*），均值（*mean*）、中位数（*median*）和方差（*variance*）差异性检验，以及以模拟相关系数为自变量、实际相关系数为因变量的一元线性回归的 $R^2$。可以看出，实际相关系数与模拟相关系数的平均绝对误差（$MAE$）和均方根误差（$MSE$）均接近于 0，差异性检验均接受原假设，即两个序列不存在显著差异，线性回归的 $R^2$ 接近于 1。这些结论表明，本章构建的股票市场风险传导计算实验模型，能够较好地预测股价联动。

表6.8　　　　　　实际相关系数与模拟相关系数的对比分析

| | $MAE$ | $MSE$ | results of equality tests | | | $Adj \cdot R^2$ |
| :---: | :---: | :---: | :---: | :---: | :---: | :---: |
| | | | mean | median | variance | |
| $\Delta t = 2$ | $9 \times 10^{-04}$ | $2.28 \times 10^{-06}$ | $-0.0037$ (0.9970) | 0.0170 (0.9864) | 1.0006 (0.9966) | 0.9999 |
| $\Delta t = 8$ | $1 \times 10^{-03}$ | $3.13 \times 10^{-06}$ | 0.0078 (0.9938) | 0.0067 (0.9947) | 1.0039 (0.9789) | 0.9999 |

注：表中给出了各类检验的统计量，括号里给的是 p-value。

## 6.6　稳健性检验

### 6.6.1　$\alpha = 0.2$ 的结果

考虑到在交易股票 $l$ 时，投资者 $i$ 可能会更加关注股票 $l$ 的历史收益，因此我们将式（6-1）中的 $\alpha$ 值设为 0.2，该值接近表6-2中股票对数收益率序列一阶自回归系数的最大值。图6.14和图6.15为 $\alpha = 0.2$ 时，分别仅考虑个体共同关注和个体信息交互时正关联组和负关联组股票收益率模拟序列的相关系数。在图6.13（a）中可以看出，正关联组中股票对的模拟收益率序列的相关系数 $\rho_{lk}^{SIM}$ 随 $\beta$ 的增加呈上升趋势。相较于股票对 600036 和 601328、601318 和 601328、股票对 600036 和 601318 的相关系数整体较大。在负关联组中，$\rho_{lk}^{SIM}$ 随 $\beta$ 的增加呈下降趋

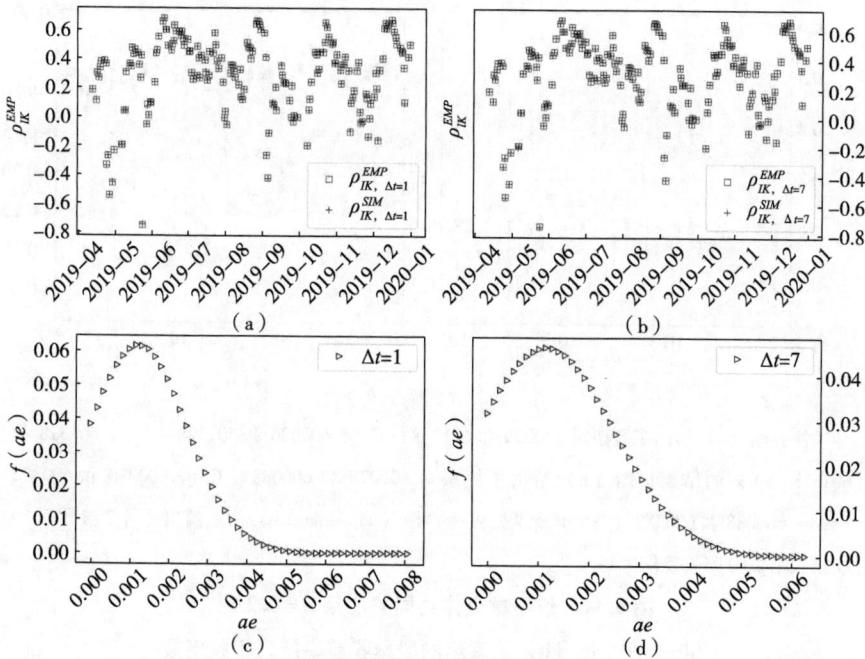

注：图（a）和图（b）分别给出了 $\Delta t = 2$ 和 $\Delta t = 8$ 的相关系数结果，图（c）和图（d）分别为 $\Delta t = 2$ 和 $\Delta t = 8$ 时 MAE 的分布。

**图 6.13　股票对 600036 和股票对 601318 实际收益率相关系数与模拟收益率相关系数**

势，如图 6.13（b）所示。股票对 600078 和 600088 相关系数的绝对值大于股票对 600078 和 600382、600088 和 600382。这些结果与图 6.3 和图 6.4 的结果是一致的，相较于 $\alpha = 0.1$、$\alpha = 0.2$ 时正、负关联组中股票对的相关性有所加强，尤其是共同活跃用户比例比较高的股票对。

图 6.16 和图 6.17 分别为同时考虑个体共同关注和信息交互且 $\alpha = 0.2$ 时，正关联和负关联组股票收益率模拟序列的相关系数。可以看出，各股票对的相关性随 $\beta$ 和 $\gamma$ 的变化趋势，基本与图 6.5 和图 6.6 一致，在此不再赘述。这些结论表明，上述主要结论是稳健的。

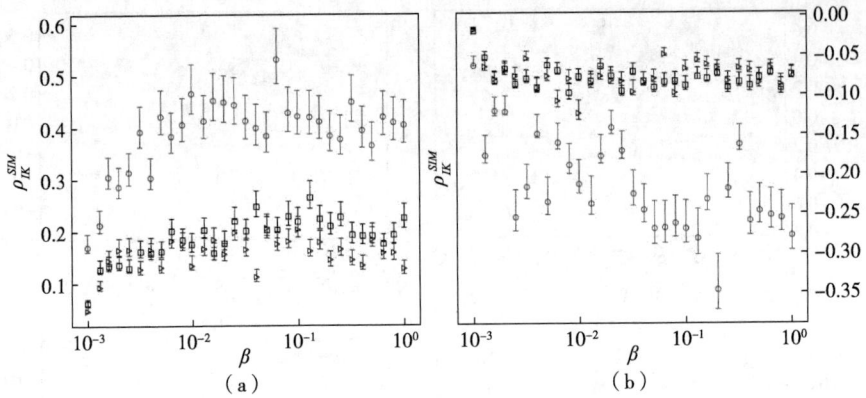

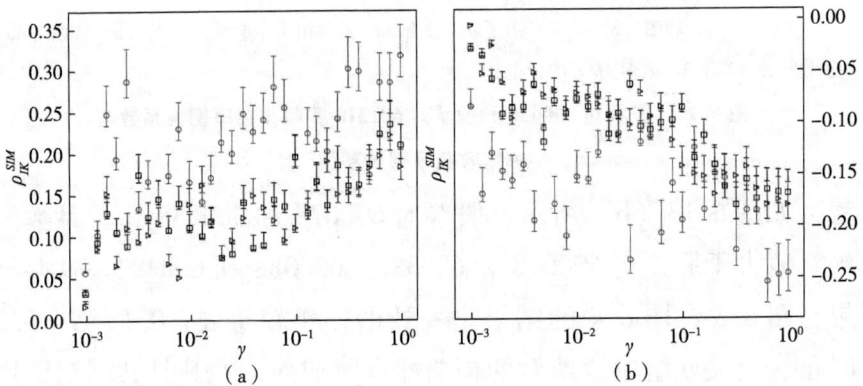

注：图（a）给出了股票对 600036 和 601318（○）、600036 和 601328（□）、601318 和 601328（△）的结果；图（b）给出了股票对 600078 和 600088（○）、600078 和 600382（□）、600088 和 600382（△）的结果。此外，图（a）和图（b）中还给出了每个参数下 50 次模拟结果的 95% 置信区间。

**图 6.14　仅考虑个体共同关注且 $\alpha = 0.2$ 时，**

**正（a）、负（b）关联组的股票收益率序列相关系数**

注：图（a）给出了股票对 600036 和 601318（○）、600036 和 601328（□）、601318 和 601328（△）的结果；图（b）给出了股票对 600078 和 600088（○）、600078 和 600382（□）、600088 和 600382（△）的结果。此外，图（a）和图（b）中还给出了每个参数下 50 次模拟结果的 95% 置信区间。

**图 6.15　仅考虑个体信息交互且 $\alpha = 0.2$ 时，**

**正（a）、负（b）关联组的股票收益率序列相关系数**

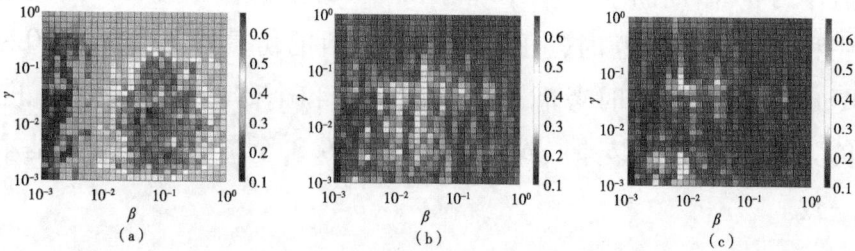

注：图（a）、图（b）、图（c）分别给出了股票对 600036 和 601318、600036 和 601328、601318 和 601328 的结果。

**图 6.16 同时考虑个体共同关注和信息交互且 $\alpha = 0.2$ 时，正关联组的股票收益率序列相关系数**

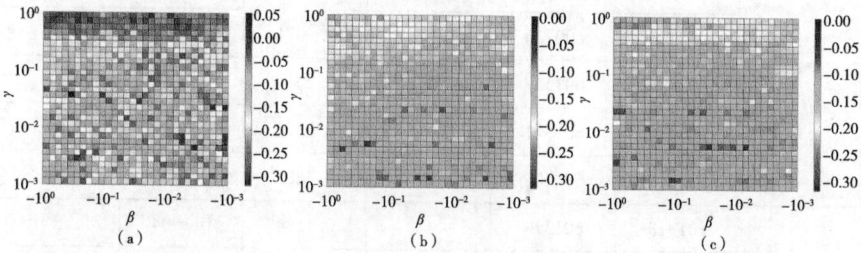

注：图（a）、图（b）、图（c）分别给出了股票对 600078 和 600088、600078 和 600382、600088 和 600382 的结果。

**图 6.17 同时考虑个体共同关注和信息交互且 $\alpha = 0.2$ 时，负关联组的股票收益率序列相关系数**

## 6.6.2 普适性检验

为了验证上述主要结论不是由于代表性样本的选择偏误导致的，本书按照表 6.4 中的代表性样本筛选标准，筛选了多对具有相同特征的股票对，如表 6.9 中的 $pos_1$，股票对 600036 和 601318、601336 和 601601、600396 和 600726，在行业关系、实际相关系数、共同活跃用户比例等指标上均具有相同的特征。对 $pos_1$ 中每一对股票进行了 50 次仿真模拟，并取三对股票对的平均

153

值作为 $pos_1$ 的结果。图 6.18 和图 6.19 分别为仅考虑个体共同关注和个体信息交互时，正、负关联性组的仿真结果。图 6.20 和图 6.21 分别为同时考虑个体共同关注和个体信息交互时，正、负关联组的仿真结果。这些结果与图 6.3 至图 6.6 的结果基本一致。

表 6.9      正、负关联组中不同代表性样本的描述性统计

| | $l$ | $k$ | $I_{lk}$ | $\rho_{lk}^{ACT}$ | $STID'_{lk}$ | $Ratio_{lk}$（%） |
|---|---|---|---|---|---|---|
| | 正关联组 | | | | | |
| $pos_1$ | 600036 | 601318 | 1 | 0.4228 | 0.1089 | 31 |
| | 601336 | 601601 | 1 | 0.4688 | 0.0929 | 27 |
| | 600396 | 600726 | 1 | 0.4071 | 0.1187 | 28 |
| $pos_2$ | 600036 | 601328 | 1 | 0.2019 | 0.1256 | 14 |
| | 600036 | 601601 | 1 | 0.2576 | 0.1299 | 17 |
| | 600396 | 600505 | 1 | 0.2482 | 0.1320 | 15 |
| $pos_3$ | 601318 | 601328 | 1 | 0.1584 | 0.1304 | 8 |
| | 600036 | 601336 | 1 | 0.1322 | 0.1348 | 10 |
| | 600505 | 600726 | 1 | 0.1391 | 0.1792 | 6 |
| | 负关联组 | | | | | |
| $neg_1$ | 600078 | 600088 | 0 | −0.1118 | 0.3400 | 5 |
| | 600028 | 601111 | 0 | −0.1245 | 0.3153 | 6 |
| | 600831 | 600980 | 0 | −0.1085 | 0.3461 | 4 |
| $neg_2$ | 600078 | 600382 | 0 | −0.0582 | 0.3155 | 2 |
| | 600028 | 600235 | 0 | −0.0560 | 0.2996 | 2 |
| | 600831 | 601588 | 0 | −0.0517 | 0.3011 | 2 |
| $neg_3$ | 600088 | 600382 | 0 | −0.0294 | 0.2972 | 1 |
| | 600235 | 601111 | 0 | −0.0220 | 0.2756 | 1 |
| | 600980 | 601588 | 0 | −0.0270 | 0.2885 | 1 |

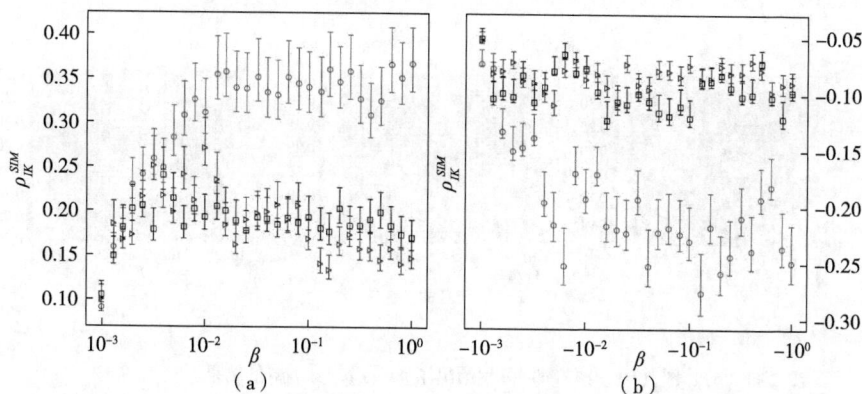

注：图（a）给出了 $pos_1$（○）、$pos_2$（□）和 $pos_3$（△）的结果；图（b）给出了股票对 $neg_1$（○）、$neg_2$（□）和 $neg_3$（△）的结果。此外，图（a）和图（b）中还给出了每个参数下 50 次模拟结果的 95% 置信区间。

**图 6.18　仅考虑个体共同关注时，正（a）、**
**负（b）关联组下不同股票对收益率序列相关系数的均值**

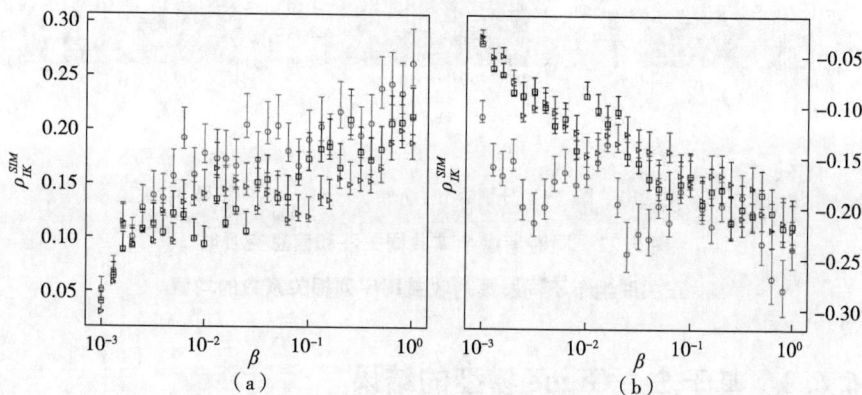

注：图（a）给出了 $pos_1$（○）、$pos_2$（□）和 $pos_3$（△）的结果；图（b）给出了股票对 $neg_1$（○）、$neg_2$（□）和 $neg_3$（△）的结果。此外，图（a）和图（b）中还给出了每个参数下 50 次模拟结果的 95% 置信区间。

**图 6.19　仅考虑个体信息交互时，正（a）、**
**负（b）关联组下不同股票对收益率序列相关系数的均值**

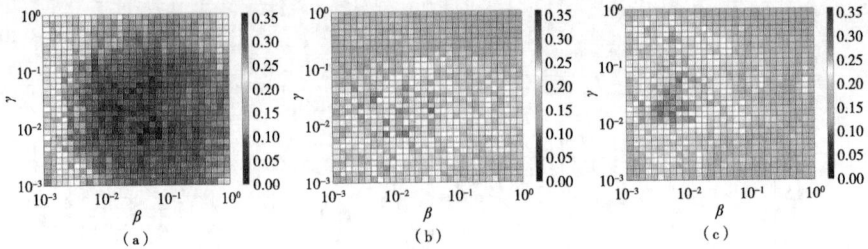

注：图（a）、图（b）、图（c）分别给出了 $pos_1$、$pos_2$、$pos_3$ 的结果。

**图 6.20　同时考虑个体共同关注和信息交互时，**

**正关联组下不同股票对收益率序列相关系数的均值**

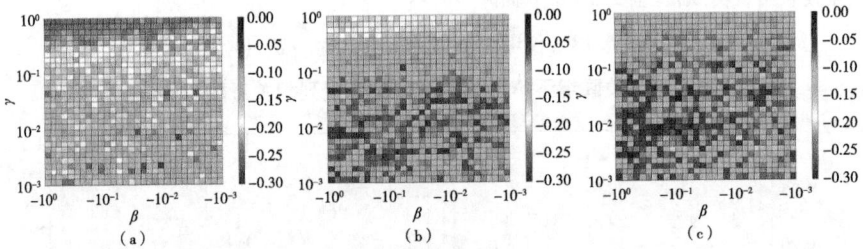

注：图（a）、图（b）、图（c）分别给出了 $neg_1$、$neg_2$、$neg_3$ 的结果。

**图 6.21　同时考虑个体共同关注和信息交互时，**

**正关联组下不同股票对收益率序列相关系数的均值**

### 6.6.3　基于 \$ – Game 模型的结果

本书基于少数者博弈模型，从社交媒体信息扩散的角度，揭示股价联动的微观机制。为了进一步验证本书的主要结论不受模型变化的影响，还采用 \$ – Game 模型对上述主要结论进行验证。\$ – Game 模型（Andersen 等，2003）在标准少数者博弈模型的基础上，对策略分数的更新进行了拓展，使其更加接近市场真实情况。该模型认为如果个体 $i$ 基于策略 $s$ 作出的交易决策连续两个步长均属于多数个体的决策，则该策略 $s$ 得分，其补偿方程为

$$g^i_{ls,t+1} = \sigma^i_{ls,t} D_{l,t+1} \qquad (6-10)$$

其中，$D_{l,t+1}$ 为股票 $l$ 在 $t+1$ 时刻的超额需求，$\sigma^i_{ls,t}$ 为 $t$ 时刻个体 $i$ 基于策略 $s$ 作出的关于股票 $l$ 的交易决策，$g^i_{ls,t+1}$ 为策略 $s$ 的补偿方程。

图 6.22 和图 6.23 分别为仅考虑个体共同关注和个体信息交互时，正、负关联性组的仿真结果。图 6.24 和图 6.25 分别为同时考虑个体共同关注和个体信息交互时，正、负关联组的仿真结果。这些结果与图 6.3 至图 6.6 的结果基本一致。

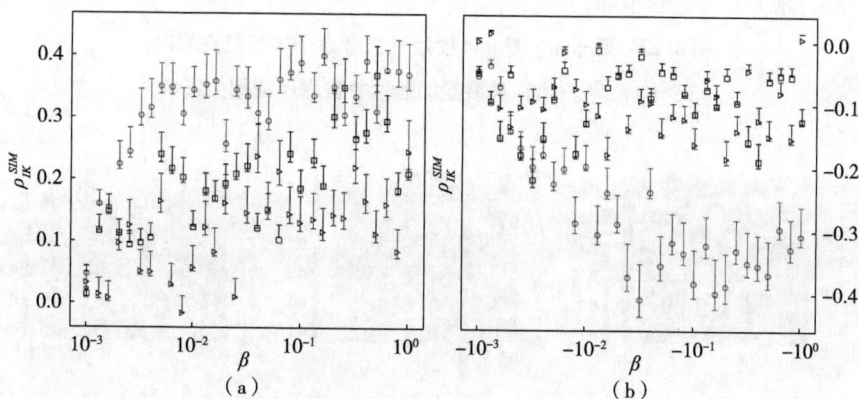

注：图（a）给出了股票对 600036 和 601318（○）、600036 和 601328（□）、601318 和 601328（△）的结果；图（b）给出了股票对 600078 和 600088（○）、600078 和 600382（□）、600088 和 600382（△）的结果。此外，图（a）和图（b）中还给出了每个参数下 50 次模拟结果的 95% 置信区间。

图 6.22　基于 $ -Game 模型且仅考虑个体共同关注时，正（a）、
负（b）关联组的股票收益率序列相关系数

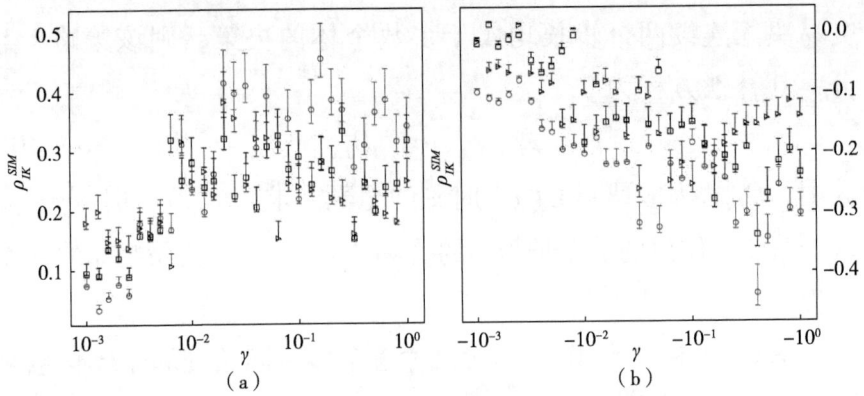

注：图（a）给出了股票对 600036 和 601318（○）、600036 和 601328（□）、601318 和 601328（△）的结果；图（b）给出了股票对 600078 和 600088（○）、600078 和 600382（□）、600088 和 600382（△）的结果。此外，图（a）和图（b）中还给出了每个参数下 50 次模拟结果的 95% 置信区间。

**图 6.23　基于 \$ –Game 模型且仅考虑个体信息交互时，**

**正（a）、负（b）关联组的股票收益率序列相关系数**

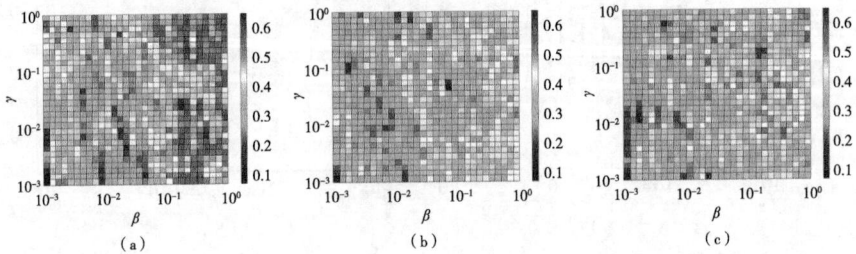

注：图（a）、图（b）、图（c）分别给出了股票对 600036 和 601318、600036 和 601328、601318 和 601328 的结果。

**图 6.24　基于 \$ –Game 模型且同时考虑个体共同关注和信息交互时，**

**正关联组的股票收益率序列相关系数**

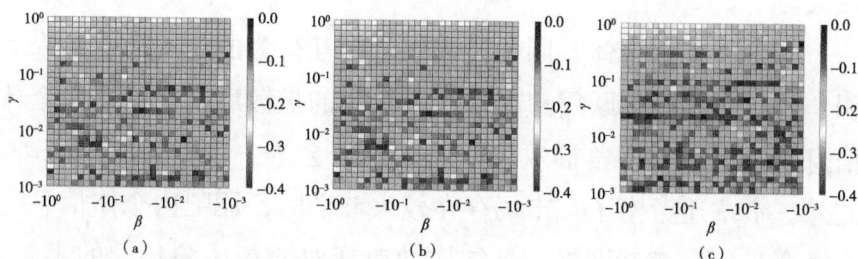

注：图（a）、图（b）、图（c）分别给出了股票对 600078 和 600088、600078 和 600382、600088 和 600382 的结果。

图 6.25　基于 $ – Game 模型且同时考虑个体共同关注和信息交互时，负关联组的股票收益率序列相关系数

## 6.7　本章小结

本章基于个体投资者在社交媒体上的共同关注行为和信息交互行为，以少数者博弈模型为基础，构建股票风险传导模型的计算实验金融模型，探究互联网背景下股价联动的微观机制。本章依据股票价格的一阶自回归系数，设定主体对股票历史收益率的参考。根据个体投资者在不同股吧中的活跃情况，设定主体对若干股票的选股规则、模拟主体对不同股票的共同关注行为，仿真模拟结果表明个体的共同关注行为能够促进股票信息扩散，提高股价间的联动程度；依据个体投资者在股吧内的发帖、回帖等信息交互行为，制定主体间的信息交互机制，仿真模拟结果表明个体间的信息交互行为能够引起个体的"羊群行为"，进而加剧股价联动程度。此外，个体共同关注行为和信行为息交互在股价正关联和负关联中发挥的作用存在差异，个体共同关注对股价正关联的影响较大，而个体信息交互在股价负关联中发挥的作用

较大。

同时，考虑个体共同关注和信息交互行为的仿真模拟结果表明，信息经共同活跃用户在两个股吧间的扩散后，在股吧内个体信息交互引起的"羊群效应"作用下，会进一步提高股价联动。此外，本章还考察了在市场存在较大波动时，股吧内个体信息交互概率和信息交互网络拓扑结构的改变对股票风险传导的影响，实证和模拟结果表明，当市场存在较大波动时，股吧内个体的信息交互更加频繁，市场"羊群效应"更高，股价联动程度更高，并且对于正关联组股票来说，这种现象在市场大幅向下调整的过程中表现得更为明显。最后，应用本书构建的股票市场风险传导计算实验模型，能够精准地预测股价联动。

上述研究结论揭示了互联网背景下股票市场风险传导的微观机制，与现有文献相比，本章以社交媒体上个体投资者的共同关注和信息交互等微观行为为现实依据，构建计算实验 MG 模型，探究互联网信息影响股价联动的微观机制，不仅从更加深入的角度解释了金融资产价格行为的根本原因，也是对计算实验金融模型的重要拓展。本章的研究结论对于投资者甄别互联网信息、保持理性投资和监管层加强金融市场风险管理具有重要的借鉴意义。

# 第 7 章　总结与展望

本章对全书的研究结果进行了总结，并依据研究结论，针对金融市场风险管理提出可行性的政策建议；在此基础上，指出了当前研究的局限性和对未来研究工作的展望。

## 7.1　研究总结与政策建议

本书围绕互联网背景下股票市场风险传导表现出的新特征，首先，从社交媒体上个体的信息交互特征出发，探究股票信息扩散对股价联动关系的影响。利用股吧数据构建个体信息交互与个股信息扩散两层网络，通过拓扑结构的特征对比研究信息交互对信息扩散的影响；在此基础上，通过拓扑结构对比分析，探究股票信息扩散网络和股票风险传导网络的异同，并利用计量回归模型定量研究个股扩散对风险传导的影响。该部分的主要研究结论如下：第一，通过网络拓扑结构指标的对比研究，发现基于个体信息交互行为的信息扩散网络与股价联动网络在网络结构上呈现出一定的相似性。第二，定量研究结果表明，同时活跃在两个股吧间的用户数量对股票收益率序列间的相关系数存在显著正影响，说明信息扩散越容易，对应个股间的价格联动效应越明显；信息扩散网络中股票的中心度对该股票与其他股票的平均相关系数存在显著正影响，说明股票在信息扩散网络中越处于中心位置，该股票在群体联动关系中越处于主导地位。第三，基于微观个体信息交互行为的研究表明，不同类型的共同活跃用户对股吧间信息扩散的促进作用不同，频繁发帖或回帖的共同活跃用户是促进股吧间信息扩散的主力军；此外，共同活跃用户产生的或引起的信息流量对股票收益率序列间的相关系数存在显著正影响，并具有预测作用。第四，上述结论在考虑内生性问题、样本选择、样本区间、解释变量和其他控制变量的影响后，依然稳健。

其次，采用股吧用户数据，考察了社交媒体上异质性信息的扩散对个体投资者交易行为和股价联动的影响，并进一步通过交易行为的中介效应分析，探究异质性信息扩散影响股价联动的途径和机制。回归结果显示，公司特质信息和市场行业信息的扩散对个体投资者的趋同交易和股价相关系数具有显著正影响，且公司特质信息扩散的影响更大，这些结果说明社交媒体的信息扩散程度越高，个体投资者在对应股票上的交易行为越一致、股票间的价格联动效应越明显，并且不同类型的信息扩散对个体投资者交易行为和股价联动的影响存在差异。进一步地讲，个体投资者的趋同交易对股价相关系数具有显著正影响，说明个体投资者在两只股票上的交易行为越一致，股票间的价格联动效应越明显。三步回归的结果显示，在考虑个体投资者交易行为的影响后，公司特质信息和市场行业信息的扩散指标对股价相关系数的显著正影响降低，说明个体投资者的交易行为在异质性信息扩散影响股价联动关系的过程中，确实起到了部分中介作用。

再次，对比分析了在具有不同投资者结构的市场中，个体投资者信息交互引起的股票信息扩散和机构投资者引起的股票信息扩散对股价联动关系的影响差异，并从投资者交易行为的角度，探究了两类投资者引起的信息扩散影响股价联动的渠道，进一步从信息扩散速度的视角出发，分析了股价联动的"领先—滞后"效应。该部分的主要研究结论如下：第一，基于个体投资者在社交媒体上的信息交互和机构的共同持股关系的研究发现，在以个体投资者为主导的中国市场上，相较于机构投资者，个体投资者引起的股票信息扩散对股价超额收益率联动性的影响更大；而在以机构投资者为主导的美国市场上，机构投资者引起的股票信息对股价超额收益率联动性的影响更大。此外，在考虑两个市场上个体投资者"羊群行为"差异的基础上，上述结论依然是稳健的。第二，投资者交易行为的中介效应检验发现，仅在中国市场上，个体投资者的交易行为在信息扩散影响股价联动的过程中发挥了完全中介作用，而机构投资者的交易行为在两个市场均起到了部分中介作用，说明个体和机构投资者引起的信息扩散能够通过影响其交易行为，进而导致股价联动。第三，个体投资者在社交媒体上的信息交互能够引起股票信息扩散，且其扩散速度，能够导致股价超额收益率的联动性存在"领先—滞后"效应现象，且相较于机构投资者，个体投资者引起的股票信息扩散对股价超额收益率的联动性有预测能力。第四，上述结论在考虑样本区间和其他可能影响股价联动的因素后，依然是稳健的。

最后，本书在上述实证的基础上，以个体投资者在社交媒体上的共同关注和信息交互行为等特征为现实依据，构建股票风险传导模型的计算实验金融模型，探究互联网背景下股价联动的微观机制。该部分的主要研究结论如下：第一，基于主体对不同股票共同关注行为的仿真模拟结果表明，主体的共同关注行为能够促进股票信息扩散，提高股价间的联动程度；基于主体间信息交互行为的仿真模拟结果发现，主体间的信息交互行为能够引起个体的"羊群行为",进而加剧股价联动程度。此外,个体共同关注行为和信行为息交互在股价正关联和负关联中发挥的作用存在差异,个体共同关注对股价正关联的影响较大,而个体信息交互在股价负关联中发挥的作用较大。第二,同时考虑个体共同关注和信息交互行为的仿真模拟结果表明,信息经共同活跃用户在两个股吧间的扩散后,在股吧内个体信息交互引起的"羊群效应"作用下,会进一步提高股价联动。第三,当市场存在较大波动时,股吧内个体的信息交互更加频繁,市场"羊群效应"更高,股价联动程度更高,并且对于正关联组股票来说,这种现象在市场大幅向下调整的过程中表现得更为明显。

根据上述结论,本书针对监管层加强金融市场风险管理,提出如下三点政策建议:第一,监管层可以重点监控互联网社交媒体平台中的关键用户,如本书中在短时间内大量、频繁发帖或回帖的 $C_2$ 类用户,以防止虚假信息等通过此类用户加速扩散。第二,监管层还可以依据股吧信息流量的预测作用,重点监控有异常信息流量的股吧,防止个股风险通过信息扩散网络蔓延,从而导致股价大范围、快速联动。第三,监管层应从源头出发,建立健全互联网信息管理机制和舆情导控机制,提升舆论引导的效率,加大对互联网信息传播的管理力度,防止股票市场虚假信息等在个体信息交互的作用下迅速蔓延,加剧股票市场风险传导。

## 7.2 研究展望

本书的研究依然存在不足和值得进一步探究之处,接下来,就本书已有的研究成果和该领域内学术界最新的研究进展,对未来研究工作进行展望。

　　首先，本书的研究主要集中于股吧等社交媒体上的信息扩散对股价联动的影响，信息源较为单一，没有考虑互联网财经新闻、分析师报告和上市公司在互联网上的信息披露（如年报、季报、月报、上市公告、上市公司微博和上市公司在互联网上与投资者的互动信息）等，可进一步分析多源信息在互联网的扩散对股票风险传导的影响，并探究不同信息的扩散速度及其对风险传导的影响差异。虽然大规模爬取互联网多源信息面临一定的困难，如遭遇网站屏蔽、耗时长和数据更新等问题，但同时也突出了该方向的重要性。

　　其次，在探究投资者交易行为的中介效应时，本书采用衡量市场整体交易行为的个股资金流入流出数据度量个体交易行为，没有从单个微观个体的交易行为出发，分析单个个体在社交媒体上的共同关注和信息交互行为等，对其交易决策的影响以及是否能够影响风险传导。下一步，可采用深度学习方法，利用单个个体在社交媒体上的信息文本对个体的买入、卖出等行为进行预测，并进一步分析其对股价联动的影响。由于个体投资者的账户交易数据难以获取，且难以和社交媒体上的信息匹配，但该研究方向具有重要的实践意义。

　　最后，本书基于个体共同关注行为和信息交互行为的计算实验金融模型，在解释社交媒体信息扩散影响股票市场风险传导的微观机制上，展现出较好的性能，未来可考虑进一步拓展模型，使模型能够对股票市场风险传导进行精准预测。例如，进一步根据社交媒体上个体的信息交互内容，对参数 $\beta$ 和 $\gamma$ 赋予合理的经济金融含义，并根据个体信息交互的实时内容，动态计算参数 $\beta$ 和 $\gamma$，对股票市场风险传导进行实时预测。

# 参考文献

［1］部慧，解峥，李佳鸿，等．基于股评的投资者情绪对股票市场的影响［J］．管理科学学报，2018，21（4）：86－101.

［2］曹啸，张云．投资者交易对股价同步性影响研究——基于信息获取异质性的视角［J］．会计与经济研究，2021，35（2）：103－125.

［3］陈莹，袁建辉，李心丹，等．基于计算实验的协同羊群行为与市场波动研究［J］．管理科学学报，2010，13（9）：119－128.

［4］董大勇，刘海斌，胡杨，等．股东联结网络影响股价联动关系吗［J］．管理工程学报，2013，27（3）：20－26.

［5］冯旭南，徐宗宇．分析师、信息传播与股价联动：基于中国股市信息溢出的研究［J］．管理工程学报，2014，28（4）：75－81.

［6］高宝俊，宣慧玉，李璐．基于 Agent 的连续竞价股票市场仿真研究［J］．管理评论，2005，17（6）：3－7.

［7］顾荣宝，刘海飞，李心丹，等．股票市场的羊群行为与波动：关联及其演化——来自深圳股票市场的证据［J］．管理科学学报，2015，18（11）：82－94.

［8］何贤杰，王孝钰，孙淑伟，等．网络新媒体信息披露的经济后果研究——基于股价同步性的视角［J］．管理科学学报，2018，21（6）：43－59.

［9］洪小娟，姜楠，洪巍，等．媒体信息传播网络研究——以食品安全微博舆情为例［J］．管理评论，2016，28（8）：115－124.

［10］胡军，王甄．微博、特质性信息披露与股价同步性［J］．金融

研究, 2015 (11): 190 - 206.

[11] 黄聪, 贾彦东. 金融网络视角下的宏观审慎管理——基于银行间支付结算数据的实证分析 [J]. 金融研究, 2010 (4): 1 - 14.

[12] 黄俊, 郭照蕊. 新闻媒体报道与资本市场定价效率——基于股价同步性的分析 [J]. 管理世界, 2014 (5): 121 - 130.

[13] 黄玮强, 庄新田, 姚爽. 中国股票关联网络拓扑性质与聚类结构分析 [J]. 管理科学, 2008 (3): 94 - 103.

[14] 纪明洁, 李红刚. 集市模型: 少数者与多数者博弈演化分析. 复杂系统与复杂性科学, 2012, 9 (3): 82 - 89.

[15] 阚长江, 宋玉蓉, 付文豪. 考虑互惠边的微博网络信息传播模型及最有影响力节点排序算法 [J]. 情报学报, 2016, 35 (12): 1244 - 1253.

[16] 李冰娜, 惠晓峰, 李连江. 基于蒙特卡洛 RMT 去噪法小股票组合风险优化研究 [J]. 管理科学, 2016, 29 (2): 134 - 145.

[17] 李昊, 曹宏铎, 邢浩克. 基于复杂网络少数者博弈模型的金融市场仿真研究 [J]. 系统工程理论与实践, 2012, 32 (9): 1882 - 1890.

[18] 李翔, 周梦雅, 黄建藩. 交通便利度、分析师实地调研与股价同步性 [J]. 科学决策, 2021 (10): 54 - 64.

[19] 李增泉, 叶青, 贺卉. 企业关联、信息透明度与股价特征 [J]. 会计研究, 2011 (1): 44 - 51, 95.

[20] 刘海飞, 许金涛, 柏巍, 等. 社交网络、投资者关注与股价同步性 [J]. 管理科学学报. 2017, 20 (2): 53 - 62.

[21] 刘纳新, 伍中信, 林剑峰. 科技型小微企业融资风险传导过程研究——基于小世界网络视角 [J]. 会计研究, 2015 (1): 56 - 60, 97.

[22] 陆贤伟, 王建琼, 董大勇. 董事联结影响股价联动: 关联分类还是资源价值? [J]. 证券市场导报, 2013 (10): 47 - 54.

[23] 马丽莎, 王建琼, 董大勇. 交叉持股关系影响股价联动吗? [J]. 财贸经济, 2014, 35 (4): 59 - 68.

［24］马宁，刘怡君．基于超网络的舆情演化多主体建模［J］．系统管理学报，2015，24（6）：785－794，805．

［25］马源源，庄新田，李凌轩．股市中危机传播的 SIR 模型及其仿真［J］．管理科学学报，2013，16（7）：80－94．

［26］欧阳红兵，刘晓东．基于网络分析的金融机构系统重要性研究［J］．管理世界，2014（8）：171－172．

［27］裴茜，朱书尚．中国股票市场金融传染及渠道——基于行业数据的实证研究［J］．管理科学学报，2019，22（3）：90－112．

［28］奇达夫，蔡文彬．社会网络与组织［M］．中国人民大学出版社，2007．

［29］任飞，罗靖怡，陈张杭健，等．分析师深度研究报告向市场传递的信息含量——基于"新""旧"信息的文本分解［J］．系统工程理论与实践，2020，40（12）：3034－3058．

［30］沈丽，米映静．重大突发公共卫生事件下宏观经济波动对银行业风险影响研究述评［J］．经济与管理评论，2021，37（6）：102－111．

［31］盛昭瀚，张维．管理科学研究中的计算实验方法［J］．管理科学学报，2011，14（5）：1－10．

［32］谭雪晗，涂艳，马哲坤．基于 SNA 的事故灾难舆情关键用户识别及治理［J］．情报学报，2017，36（3）：297－306．

［33］唐晓波，罗颖利．融入情感差异和用户兴趣的微博转发预测［J］．图书情报工作，2017，61（9）：102－110．

［34］王浩，张浩，方宝富．基于量子少数者博弈的多机器人追捕［J］．模式识别与人工智能，2014，27（12）：1117－1123．

［35］王晓宇，杨云红．经济政策不确定性如何影响股价同步性？——基于有限关注视角［J］．经济科学，2021（5）：99－113．

［36］王宗胜，李腊生．注意力配置对投资决策行为影响的间接检验［J］．现代财经，2010，30（4）：59－66．

［37］韦立坚，张维，熊熊．股市流动性踩踏危机的形成机理与应对

机制［J］. 管理科学学报，2017，20（3）：1－23.

［38］武澎，王恒山，李煜. 突发事件信息传播超网络中枢纽节点的判定研究［J］. 管理评论，2013，25（6）：104－111.

［39］肖奇，沈华玉. 媒体关注、投资者异质信念与股价同步性［J］. 财贸研究，2021，32（10）：99－110.

［40］肖欣荣，刘健，赵海健. 机构投资者行为的传染——基于投资者网络视角［J］. 管理世界，2012（12）：35－45.

［41］徐建民，韩康康，何丹丹，关树芳. 融合多种转发习惯的微博转发预测［J］. 情报杂志，2020，39（3）：123－129＋155.

［42］应尚军，魏一鸣，范英，汪秉宏. 基于元胞自动机的股票市场复杂性研究——投资者心理与市场行为［J］. 系统工程理论与实践，2003，23（12）：18－25.

［43］余秋玲，朱宏泉. 宏观经济信息与股价联动——基于中国市场的实证分析［J］. 管理科学学报，2014，17（3）：15－26.

［44］袁军，周轩宇. 机构投资者交易行为和股票价格趋势［J］. 科学决策，2017（12）：55－76.

［45］张维，武自强，张永杰，等. 基于复杂金融系统视角的计算实验金融：进展与展望［J］. 管理科学学报，2013，16（6）：85－94.

［46］张维，张永杰，熊熊. 计算实验金融研究［D］. 科学出版社，2010.

［47］张永杰，张维，金曦，熊熊. 互联网知道的更多么？——网络开源信息对资产定价的影响［J］. 系统工程理论与实践，2011，31（4）：577－586.

［48］赵汝为，熊熊，沈德华. 投资者情绪与股价崩盘风险：来自中国市场的经验证据［J］. 管理评论，2019，31（3）：50－60.

［49］赵尚梅，孙桂平，杨海军. 股票期权对股票市场的波动性分析：基于 Agent 的计算实验金融仿真角度［J］. 管理工程学报，2015，29（1）：207－215.

［50］郑方. 治理与战略的双重嵌入性——基于连锁董事网络的研究 ［J］. 中国工业经济，2011 (9)：108 – 118.

［51］郑瑶，董大勇，朱宏泉. 网络证券信息交流减弱股市羊群效应吗：基于中国证券市场的分析 ［J］. 管理评论，2015，27 (6)：58 – 67.

［52］郑瑶，董大勇，朱宏泉. 异质性情绪影响股市羊群效应吗？——来自互联网股票社区的证据 ［J］. 系统工程，2016，34 (9)：9 – 14.

［53］周冬华，赵玉洁. 微博信息披露有利于降低股价同步性吗? ［J］. 当代财经，2016 (8)：109 – 120.

［54］周静，沈俏蔚，涂平，等. 社交网络中用户关注类型与发帖类型对发帖行为的影响 ［J］. 管理科学，2019，32 (2)：67 – 76.

［55］朱菲菲，李惠璇，徐建国，等. 短期羊群行为的影响因素与价格效应——基于高频数据的实证检验 ［J］. 金融研究，2019 (7)：191 – 206.

［56］朱孟楠，梁裕珩，吴增明. 互联网信息交互网络与股价崩盘风险：舆论监督还是非理性传染 ［J］. 中国工业经济，2020 (10)：81 – 99.

［57］邹琳，马超群，李红权. 中国股市仿真系统建模及其非线性特征研究 ［J］. 系统管理学报，2008，17 (4)：385 – 389.

［58］A. C. Barato, I. Mastromatteo, M. Bardoscia, et al. Impact of Meta – Order in the Minority Game ［J］. Quantitative Finance, 2013, 13 (9)：1343 – 1352.

［59］A. Kaul, V. Mehrotra, C. Stefanescu. Location and Excess Comovement ［J］. Journal of Empirical Finance, 2015, 37：293 – 308.

［60］A. Koch, S. Ruenzi, L. T. Starks. Commonality in Liquidity: A Demand – side Explanation ［J］. Review of Financial Studies, 2016, 29 (8)：1943 – 1974.

［61］A. Krawiecki, J. A. Holyst, D. Helbing. Volatility Clustering and

Scaling for Financial Time Series Due to Attractor Bubbling [J]. Physical Review Letters, 2002, 89 (15).

[62] A. Kumar, C. M. C. Lee. Retail Investor Sentiment and Return Co-movements [J]. Journal of Finance. 2006, 61 (5): 2451 – 2486.

[63] A. Morales, J. Borondo, J. C. Losada, et al. Efficiency of Human Activity on Information Spreading on Twitter [J]. Social Networks, 2014, 39 (1): 01 – 11.

[64] A. Nagurney, J. Dong. Supernetworks: Decision – Making for the Information Gge [J]. Cheltenham: Edward Elgar Publishing, 2002.

[65] A. Nagurney. Optimal Supply Chain Network Design and Redesign at Minimal Total Cost and with Demand Satisfaction [J]. International Journal of Production Economics, 2010, 128 (1): 200 – 208.

[66] A. Pareek. Information Networks: Implications for Mutual Fund Trading Behavior and Stock Returns [N]. Working Paper, Rutgers University, 2012.

[67] B. A. Mello, V. M. C. S. Souza, D. O. Cajueiro, et al. Network Evolution Based on Minority Game with Herding Behavior [J]. European Physical Journal B, 2010, 76 (1): 147 – 156.

[68] B. Frijns, T. D. Huynh, A. Tourani – Rad, et al. Institutional Trading and Asset Pricing [J]. Journal of Banking & Finance, 2018, 89: 59 – 77.

[69] B. Trinkle, R. Crossler, F. Bélanger. Voluntary Disclosures Via Social Media and the Role of Comments [J]. Journal of Information Systems, 2015, 29 (3): 101 – 121.

[70] C. Amado, T. Teräsvirta. Modelling Volatility by Variance Decomposition [J]. Journal of Econometrics, 2013, 175 (2): 142 – 153.

[71] C. Avery, P. Zemsky. Multidimensional Uncertainty and Herd Behavior in Financial Markets [J]. American Economic Review, 1998, 88:

724 – 748.

[72] C. Bianchi, P. Cirillo, M. Gallegati, el al. Validating and Calibrating Agent – Based Models: A Case Study [J]. Computational Economics, 2007, 30 (3): 245 – 264.

[73] C. Diks, V. Panchenko. A New Statistic and Practical Guidelines for Nonparametric Granger Causality Testing [J]. Journal of Economic Dynamics & Control, 2006, 30 (9 – 10): 1647 – 1669.

[74] C. H. Yeung, K. Y. M. Wong, Y. C. Zhang. Models of Financial Markets with Extensive Participation Incentives [J]. Physical Review E, 2008, 77: 26107.

[75] C. Steven, G. Wesley, R. J. Bryan, et al. What Motivates Buy – Side Analysts to Share Recommendations Online? [J]. Management Science, 2018, 64 (6): 2574 – 2589.

[76] C. W. Holden, A. Subrahmanyam. Long – Lived Private Information and Imperfect Competition [J]. The Journal of Finance, 1992, 47 (1): 247 – 270.

[77] C. Zhou, P. Zhang, J. Guo, et al. Ublf: An Upper Bound Based Approach to Discover Influential Nodes in Social Networks [C]. IEEE International Conference on Data Mining, 2013: 907 – 916.

[78] D. Challet, M. Chessa, A. Marsili, et al. From Minority Games to Real Markets [J]. Quantitative Finance, 2001, 1 (1): 168 – 176.

[79] D. Challet, M. Marsili, Y. C. Zhang. Minority Games: Interacting Agents in Financial Markets [M]. Oxford University Press, Oxford, 2005.

[80] D. Challet, M. Marsili, Y. C. Zhang. Modeling Market Mechanism with Minority Game [J]. Physica A: Statistical Mechanics and Its Applications, 2000, 276 (1 – 2): 284 – 315.

[81] D. Challet, Y. C. Zhang. Emergence of cooperation and Organization in an Evolutionary Game [J]. Physica A, 1997, 246 (3): 407 – 418.

[82] D. Fricke, C. Savoie. Common Asset Holdings and Stock Return Co-movement [N]. Working Paper, 2017.

[83] D. Hirshleifer, S. H. Teoh. Limited Attention, Information Disclo-sure, and Financial Reporting [J]. Journal of Accounting and Economics, 2003, 36: 337 – 386.

[84] D. Hirshleifer, S. S. Lim, S. H. Teoh. Limited Investor Attention and Stock Market Misreactions to Accounting Information [J]. Review of Asset Pricing Studies, 2011, 1 (1): 35 – 73.

[85] D. S. Scharfstein, J. C. Stein. Herd Behavior and Investment [J]. American Economic Review, 1990, 80 (3): 465 – 79.

[86] D. Sornette, W. X. Zhou. Non – parametric Determination of Real – Time Lag Structure between Two Time Series: The "Optimal Thermal Causal Path" Method [J]. Quantitative Finance, 2006, 5 (6): 577 – 591.

[87] D. Tjostheim, K. O. Hufthammer. Local Gaussian Correlation: A New Measure of Dependence [J]. Journal of Econometrics, 2013, 172 (1): 33 – 48.

[88] D. Wang. Herd Behavior towards the Market Index: Evidence from 21 Financial Markets [N]. Working Paper, 2008.

[89] De Martino A, Castillo I. P, Sherrington D. On the Strategy Fre-quency Problem in Batch Minority Games [J]. Journal of Statistical Mechan-ics: Theory and Experiment, 2007 (1): 1006.

[90] E. Blankespoor, G. S. Miller, H. D. White. The Role of Dissemina-tion in Market Liquidity: Evidence from Firms' Use of Twitter [J]. The Ac-counting Review, 2014, 89 (1): 79 – 112.

[91] E. C. Chang, J. W. Cheng, A. Khorana. An Examination of Herding Behavior in Equity Markets: An International Perspective [J]. Journal of Banking & Finance, 2000, 24 (10): 1651 – 1679.

[92] E. Eiling, B. Gerard. Emerging equity market Comovements: Trends

and Macroeconomic Fundamentals [J]. Review of Finance, 2015, 19 (4):
1543 –1585.

[93] E. F. Fama, K. R. French. A Five – factor Asset Pricing Model
[J]. Journal of Financial Economics, 2015, 116 (1): 1 –22.

[94] E. J. Elton, M. J. Gruber. Improved Forecasting through the Design
of Homogeneous Groups [J]. Journal of Business, 1971, 44 (4): 432 –
450.

[95] F. Allen, D. Gale. Financial Contagion [J]. Journal of Political E-
conomy, 2000, 108 (1): 01 –33.

[96] F. Fu. Idiosyncratic Risk and the Cross – Section of Expected Stock
Returns [J]. Journal of Financial Economics, 2009, 91 (1): 24 –37.

[97] F. Ren, B. Zheng, T. Qiu, et al. Minority Games with Score – de-
pendent and Agent – Dependent Payoffs [J]. Physical Review E, 2006, 74
(1): 159 –163.

[98] F. Ren, S. P. Li, C. Liu. Information Spreading on Mobile Commu-
nication Networks: A New Model That Incorporates Human Behaviors [J].
Physica A, 2016 (469): 334 –341.

[99] G. B. Marsili. Multi – Asset Minority Games [J]. Quantitative Fi-
nance, 2008, 8 (3): 225 –231.

[100] G. B. Turan, A. Bodnaruk, A. Scherbina, et al. Unusual News
Flow and the Cross Section of Stock Returns [J]. Management Science,
2018, 64 (9): 4137 –4155.

[101] G. Bekaert, M. Ehrmann, M. Fratzscher, et al. The Global Crisis
and Equity Market Contagion [J]. Journal of Finance, 2014, 69 (6):
2597 –2649.

[102] G. Hubrman, T. Regev. Contagious Speculation and Cure for Canc-
er: A Non – event That Made Stock Prices Soar [J]. Journal of Finace,
2001, 56 (1): 387 –396.

[103] G. I. Bischi, U. Merlone. Evolutionary Minority Games with Memory [J]. Journal of Evolutionary Economics, 2017, 27 (4): 1 – 17.

[104] G. M. Caporale, F. M. Ali, N. Spagnolo. Exchange Rate Uncertainty and International Portfolio Flows: A Multivariate Garch – in – mean Approach [J]. Journal of International Money & Finance, 2015, (54): 70 – 92.

[105] G. Song, Y. Li, X. Chen, et al. Influential Node Tracking on Dynamic Social Network: An Interchange Greedy Approach [J]. IEEE Transactions on Knowledge & Data Engineering, 2017, 29 (2): 359 – 372.

[106] H. C. Park, J. M. Youn, H. W. Park. Global Mapping of Scientific Information Exchange Using Altmetric Data [J]. Quality & Quantity, 2019, 53 (2): 935 – 955.

[107] H. Chen, P. De, Y. Hu, et al. Wisdom of Crowds: The Value of Stock Opinions Transmitted through Social Media [J]. Review of Financial Studies, 2014, 27 (5): 1367 – 1403.

[108] H. He, J. Wang. Differential Informational and Dynamic Behavior of Stock Trading Volume [J]. The Review of Financial Studies, 1995, 8 (4): 919 – 972.

[109] H. Hong, J. D. Kubik, J. C. Stein. Social Interaction and Stock – Market Participation [J]. The Journal of Finance, 2004, 59 (1): 137 – 163.

[110] H. Hong, J. D. Kubik, J. C. Stein. Thy Neighbor's Portfolio: Word – of Mouth Effects in the Holdings and Trades of Money Managers [J]. The Journal of Finance, 2005, 60 (6): 2801 – 2824.

[111] H. Lehkonen. Stock Market Integration and the Global Financial Crisis [J]. Review of Finance, 2015, 19 (5): 2039 – 2094.

[112] H. Meng, F. Ren, G. F. Gu, et al. Effects of Long Memory in the order Submission Process on the Properties of Recurrence Intervals of Large Price Fluctuations [J]. Europhysics Letters, 2012, 98 (3): 4823 – 4825.

［113］H. Raider, D. Krackhardt. Intra – Organizational Networks ［J］. The Blackwell Companion to Organizations, 2002: 58 – 74.

［114］J. A. Bennett, R. W. Sias. Can Money Flows Predict Stock Returns? ［J］. Financial Analysts Journal, 2001, 57 (6): 64.

［115］J. Birch, A. A. Pantelous, K. Soramäki. Analysis of Correlation Based Networks Representing DAX 30 Stock Price Returns ［J］. Computer Economics, 2016, 47 (4): 501 – 525.

［116］J. C. Rodriguez. Measuring Financial Contagion: A Copula Approach ［J］. Journal of Empirical Finance, 2007, 14 (3): 401 – 423.

［117］J. D. Coval, T. Moskowitz. The Geography of Investment: Informed Trading and Asset Prices ［J］. Journal of Political Economy, 2001, 109 (4): 811 – 841.

［118］J. D. Farmer, P. Patelli, I. I. Zovko. The Predictive Power of Zero Intelligence in Financial Markets ［J］. Proceedings of the National Academy of Science of the United States of America, 2005, 102 (6): 2254 – 2259.

［119］J. Kallberg, P. Pasquariello. Time – Series and Cross – Sectional Excess Comovement in Stock Indexes ［J］. Journal of Empirical Finance, 2018, 28 (3): 481 – 502.

［120］J. Lakonishok, A. Shleifer, R. W. Vishny. The Impact of Institutional Trading on Stock Prices ［J］. Journal of Financial Economics, 1992, 32 (1): 23 – 43.

［121］J. Li, Y. J. Zhang, F. Xu, et al. Which Kind of Investor Causes Comovement? ［J］. Journal of International Financial Markets, Institutions and Money, 2019, 61 (15): 1 – 15.

［122］J. P. Onnela, K. Kaski, J. Kertész. Clustering and Information in Correlation Based Financial Networks ［J］. The European Physical Journal B, 2004, 38 (2): 353 – 362.

［123］J. Q. Zhang, Z. G. Huang, Z. X, et al. Controlling Herding in Mi-

176

nority Game Systems [J]. Scientific Reports, 2016, 6: 20925.

[124] J. S. Hammersley. Pattern Identification and Industry – Specialist Auditors [J]. The Accounting Review, 2006, 81 (2): 309 – 336.

[125] J. V. Rosenberg, T. Schuermann. A General Approach to Integrated Risk Management with Skewed, Fat – tailed Risks [J]. Journal of Financial Economics, 2006, 79 (3): 569 – 614.

[126] J. W. Chung, B. Kang. Prime Broker – level Comovement in Hedge Fund Returns: Information or Contagion? [J]. Review of Financial Studies, 2016, 29 (12): 3321 – 3353.

[127] J. Wang. A Model of Intertemporal Asset Prices under Asymmetric Information [J]. The Review of Economic Studies, 1993, 60 (2): 249 – 282.

[128] J. Yang, J. Leskovec. Modeling Information Diffusion in Implicit Networks [C]. IEEE International Conference on Data Mining, 2011: 599 – 608.

[129] J. V. Andersen, D. Sornette. The $ – Game [J]. The European Physical Journal B, 2003, 31 (1): 141 – 145.

[130] K. E. Lee, J. W. Lee, B. H. Hong. Complex Networks in a Stock Market [J]. Computer Physics Communications, 2007, 177 (1): 186 – 186.

[131] K. J. Forbes, R. Rigobon. No Contagion, only Interdependence: Measuring Stock Market Comovements [J]. The Journal of Finance, 2002, 57 (5): 2223 – 2261.

[132] L. Cohen, A. Frazzini, C. Malloy. The Small World of Investing: Board Connections and Mutual Fund Returns [J]. Journal of Political Economy, 2008, 116 (5): 951 – 979.

[133] L. F. Ackert, L. Jiang, H. S. Lee, et al. Influential Investors in Online Stock Forums [J]. International Review of Financial Analysis, 2016,

45: 39 - 46.

[134] L. Jiang, J. Y. Liu, B. Z. Yang. Communication and Comovement: Evidence from Online Stock Forums [J]. Financial Management, 2019, 48: 805 - 847.

[135] L. Kristoufek, M. Vosvrda. Herding, Minority Game, Market Clearing and Efficient Markets in a Simple Spin Model Framework [J]. Communications in Nonlinearence & Numerical Simulation, 2017, 54: 148 - 155.

[136] L. Liu, J. Wu, P. Li, et al. A Social - media - based Approach to Predicting Stock Comovement [J]. Expert Systems with Applications, 2015, 42 (8): 3893 - 3901.

[137] L. Muchnik, S. Aral, S. Taylor. Social Influence Bias: A Randomized Experiment [J]. Science, 2013, 341 (6146): 647 - 651.

[138] L. Peng, W. Xiong, T. Bollerslev. Investor Attention and Time - varying Comovements [J]. European Financial Management, 2007, 13 (3): 394 - 422.

[139] L. Peng, W. Xiong. Investor attention, Overconfidence, and Category Learning [J]. Journal of Financial Economics, 2006, 3 (80): 563 - 602.

[140] L. Tan, T. C. Chiang, J. R. Mmson, et al. Herding Behavior in Chinese Stock Markets: An Examination of a and b Shares [J]. Pacific - Basin Finance Journal, 2008, 16 (1): 61 - 77.

[141] M. Anton, C. Polk. Connected Stocks [J]. Journal of Finance, 2014, 69 (3): 1099 - 1127.

[142] M. Cipriani, A. Guarino. Estimating a Structural Model of Herd Behavior in Financial Markets [J]. American Economic Review, 2014, 104 (1): 224 - 251.

[143] M. Everett. Social network analysis [M]. Essex: Textbook at Essex Sumer School in SSDA, 2002.

[144] M. Höchstötter, S. Meyer, R. Riordan, et al. International Stock Market Comovement and News [J]. The Journal of Financial Research, 2014, 37 (4): 519 – 542.

[145] M. Lang, K. V. Lins, M. Maffett. Transparency, Liquidity, and Valuation: International Evidence on When Transparency Matters Most [J]. Journal of Accounting Research, 2012, 50 (3): 729 – 774.

[146] M. Meng, W. Wei, C. Ying, et al. Multiplex Network Analysis of Employee Performance and Employee Social Relationships [J]. Physica A: Statistical Mechanics and its Applications, 2018, 490: 01 – 12.

[147] M. Raddant, F. Wagner. Transitions in the Stock Markets of the US, UK and Germany [J]. Quantitative Finance, 2015, 17 (2): 289 – 297.

[148] M. S. Drake, J. Jennings, D. T. Roulstone, et al. The Comovement of Investor Attention [J]. Management Science, 2017, 63 (9): 2847 – 2867.

[149] M. Tumminello, T. Aste, T. D. Matteo, et al. A Tool for Filtering Information in Complex Systems [J]. Proceedings of the National Academy of Sciences of the United States of America, 2005, 102 (30): 10421 – 10426.

[150] M. Tumminello, T. D. Matteo, T. Aste, et al. Correlation based Networks of Equity Returns Sampled at Different Time Horizons [J]. The European Physical Journal B, 2007, 55 (2): 209 – 217.

[151] M. Y. Yang, S. P. Li, L. X. Zhong, et al. A Minority Game with Expected Returns for Modeling Stock Correlations [J]. Europhysics Letters, 2018, 123 (1): 18001.

[152] M. Zhang, F. Rubio, D. P. Palomar, et al. Finite – sample Linear Filter Optimization in Wireless Communications and Financial Systems [J]. IEEE Transactions on Signal Processing, 2013, 61 (20): 5014 – 5025.

[153] N. Barberis, A. Shleifer, J. Wurgler. Comovement [J]. Journal

of Financial Economics, 2005, 75 (2): 283 – 317.

[154] N. F. Johnson, P. M. Hui, D. F. Zheng, et al. Enhanced Winnings in a Mixed – ability Population Playing a Minority Game [J]. Journal of Physics A, 1999, 32 (38): 427 – 431.

[155] N. Schmitt, F. Westerhoff. On the Bimodality of the Distribution of the S&P 500's Distortion: Empirical evidence and Theoretical Explanations [J]. Journal of Economic Dynamics & Control, 2017, 80: 34 – 53.

[156] P. Cerchiello, P. Giudici. Big Data Analysis for Financial Risk Management [J]. Journal of Big Data, 2016, 3 (1): 18 – 29.

[157] P. Cerchiello, P. Giudici. Categorical Network Models for Systemic risk Measurement [J]. Quality & Quantity, 2017, 51 (4): 1593 – 1609.

[158] P. Christos, W. Bin. Shareholder Coordination, Information Diffusion and Stock Returns [J]. The Financial Review, 2017, 52 (4): 563 – 595.

[159] P. Colla, A. Mele. Information Linkages and Correlated Trading [J]. Review of Financial Studies, 2010, 23 (1): 203 – 246.

[160] P. Pasquariello. Imperfect Competition, Information Heterogeneity, and Financial Contagion [J]. Review of Financial Studies, 2007, 20 (2): 391 – 426.

[161] P. Shen, Y. Zhou, K. Chen. A Probability – based Subnet Selection Method for Hot Event Detection in Sina Weibo Microblogging [C]. IEEE/ACM International Conference on Advances in Social Networks Analysis & Mining, 2013.

[162] R. Cont, J. P. Bouchaud. Herd Behaviour and Aggregate Fluctuations in Financial Markets [J]. Macroeconomic Dynamics, 2000, 4 (2): 170 – 196.

[163] R. Engle. Dynamic Conditional Correlation: A Simple Class of Multivariate Generalized Autoregressive Conditional Heteroskedasticity Models [J].

Journal of Business & Economic Statistics, 2002, 20 (3): 339 - 350.

[164] R. Fu, S. Gupta - Mukherjee. Geography, Informal Information Flows and Mutual Fund Portfolios [J]. Financial Management, 2010, 43 (1): 181 -214.

[165] R. Ichev, M. Marinǒ. Stock Prices and Geographic Proximity of Information: Evidence from the Ebola Outbreak [J]. International Review of Financial Analysis, 2018 (56): 153 - 166.

[166] R. M. Baron, D. A. Kenny. The moderator - mediator Variable Distinction in Social Psychological Research: Conceptual, Strategic, and Statistical Considerations [J]. Journal of Personality and Social Psychology, 1986, 51 (6): 1173 -1182.

[167] R. Morck, W. Yu, B. Y. Yeung. The Information Content of Stock Markets: Why Do Emerging Markets have Synchronous Stock Price Movements? [J]. Journal of Financial Economics, 2000, 58 (1): 215 -260.

[168] R. Narayanam, Y. Narahari. A Shapley Value - based Approach to Discover Influential Nodes in Social Networks [J]. IEEE Transactions on Automation Science & Engineering, 2011, 8 (1): 130 - 147.

[169] R. S. Pindyck, J. J. Rotemberg. The Comovement of Stock Prices [J]. The Quarterly Journal of Economics, 1993, 108 (4): 1073 -1104.

[170] S. Agarwal, S. Kumar, U. Goel. Stock Market Response to Information Diffusion through Internet Sources: A literature review [J]. International Journal of Information Management, 2019, 45: 118 -131.

[171] S. Bikhchandani, H. I. Welch. Learning from the Behavior of Others: Conformity, Fads, and Informational Cascades [J]. Journal of Economic Perspectives, 1998, 12 (3): 151 -170.

[172] S. G. Badrinath, J. R. Kale, T. H. Noe. Of Shepherds, Sheep, and the Cross - autocorrelations in Equity Returns [J]. Review of Financial Studies, 1995, 8 (2): 401 -430.

[173] S. H. Chen, U. Gostoli. Coordination in the el Farol Bar Problem: The Role of Social Preferences and Social Networks [J]. Journal of Economic Interaction and Coordination, 2017, 12 (1): 59 – 93.

[174] S. M. Bartram, S. J. Taylor, Y. H. Wang. The Euro and European Financial Market Dependence [J]. Journal of Banking & Finance, 2007, 31 (5): 1461 – 1481.

[175] S. P. Baca, B. L. Garbe, R. A. Weiss. The Rise of Sector Effects in Major Equity Markets [J]. Financial Analysts Journal, 2000, 56 (5): 34 – 40.

[176] S. Y. Huang, Y. L. Huang, T. C. Lin. Attention Allocation and Return Co – movement: Evidence from Repeated Natural Experiments [J]. Journal of Financial Economics, 2019, 132 (2): 369 – 383.

[177] T. C. Green, B. H. Hwang. Price – based Return Comovement [J]. Journal of Financial Economics, 2009, 93 (1): 37 – 50.

[178] T. Khanna, C. Thomas. Synchronicity and Firm Interlocks in as Emerging Market [J]. Journal of Financial Economics, 2009, 92 (2): 182 – 204.

[179] T. Lux, M. Marchesi. Scaling and Criticality in a Stochastic Multi – agent Model of a Financial Market [J]. Nature, 1999, 397 (6719): 498 – 500.

[180] T. Mitton, K. Vorkink. Equilibrium under Diversification and the Preference for Skewness [J]. Review of Financial Studies, 2007, 20 (4): 1255 – 1288.

[181] T. Preis, H. S. Moat, H. E. Stanley. Quantifying Trading Behavior in Financial Markets using Google Trends [J]. Scientific Reports, 2013, 3: 1684.

[182] T. Tingan, H. Matti. Comparison of two Local Social Media Services in Finland and China by Social Network Analysis [J]. International Jour-

nal of Social Network Mining, 2012, 1 (2): 209 – 224.

[183] V. Muslu, M. Rebello, Y. Xu. Sell – Side Analyst Research and Stock Comovement [J]. Journal of Accounting Research, 2014, 52 (4): 911 – 954.

[184] V. Rantala. How Do Investment Ideas Spread through Social Interaction? Evidence From a Ponzi Scheme [J]. The Journal of Finance, 2019, 5 (74): 2349 – 2389.

[185] V. Sasidevan. Effect of Detailed Information in the Minority Game: Optimality of 2 – day Memory and Enhanced Efficiency Due to Random Exogenous Data [J]. Journal of Statistical Mechanics: Theory and Experiment, 2016, (7): 073405.

[186] W. Antweiler, M. Z. Frank. Is all That Talk Just Noise? The Information Content of Internet Stock Message Boards [J]. The Journal of Finance, 2004, 59 (3): 1259 – 1294.

[187] W. B. Arthur, R. Palmer, J. H. Holland, et al. Artificial Economic Life: A Simple Model of a Stock Market [J]. Physica D, 1994, 75 (1): 264 – 274. W.

[188] Li, S. S. Wang, G. Rhee. Differences in Herding: Individual vs Institutional Investors [J]. Pacific – Basin Finance Journal, 2017, 45 (1): 174 – 185.

[189] W. R. Landsman, E. L. Maydew. Has the Information Content of Quarterly Earnings Announcements Declined in the Past Three Decades? [J]. Journal of Accounting Research, 2010, 40 (3): 797 – 808.

[190] W. S. Chan. Stock Price Reaction to News and No – News: Drift and Reversal after Headlines [J]. Journal of Financial Economics, 2003, 70 (2): 223 – 260.

[191] W. W. Powell, D. R. White, K. W. Koput, et al. Network Dynamics and Field Evolution: The Growth of Interorganizational Collaboration in

the Life Sciences [J]. American Journal of Sociology, 2005, 110 (4):
1132 – 1205.

[192] W. Zhang, C. Li, Y. Ye, et al. Dynamic Business Network Analysis for Correlated Stock Price Movement Prediction [C]. IEEE Intelligent Systems, 2015, 30 (2): 26 – 33.

[193] W. Zhang, Y. X. Sun, X. Feng, et al. Evolutionary Minority Game with Searching Behavior [J]. Physica A, 2015, 436: 694 – 706.

[194] X. Jin, J. M. Maheu. Modeling Covariance Breakdowns in Multivariate GARCH [J]. Journal of Econometrics, 2014, 194 (1): 1 – 23.

[195] Y. C. Wang, J. J. Tsai, Q. Q. Li. Policy Impact on the Chinese Stock Market: From the 1994 Bailout Policies to the 2015 Shanghai – Hong Kong Stock Connect [J]. International Journal of Financial Studies, 2017, 5 (1): 4 – 23.

[196] Y. Li, M. Qian, D. Jin, et al. Revealing the Efficiency of Information Diffusion in online Social Networks of Microblog [J]. Information Sciences, 2015, 293: 383 – 389.

[197] Y. Liang, J. P. Huang. Statistical physics of Human Beings in Games: Controlled Experiments [J]. Chinese Physics B, 2014, 23 (7): 078902.

[198] Y. P. Teng. An Examination of Stock Market Herding Behavior with Different Market Maturity [J]. Journal of Statistics & Management Systems, 2018, 21 (6): 1121 – 1130.

[199] Y. T. Hu, X. Li, D. H. Shen. Attention Allocation and International Stock Return Comovement: Evidence from the Bitcoin Market [J]. Research in International Business and Finance, 2020, 54: 101286.

[200] Y. X. Zhang, H. Liao, M. Medo, et al. Study of Market Model Describing the Contrary Behaviors of Informed and Uninformed Agents: Being Minority and Being Majority [J]. Physica a Statistical Mechanics & Its Appli-

cations, 2016, 450: 486 – 496.

[201] Y. Zhang, J. Mo, T. He. User Influence Analysis on Micro Blog [C]. IEEE International Conference on Cloud Computing & Intelligent Systems, 2013.

[202] Z. H. Yang, Y. G. Zhou. Quantitative Easing and Volatility Spillovers across Countries and Asset Classes [J]. Management Science, 2017, 63 (2): 333 – 354.

[203] Z. Ivkovich, S. J. Weisbenner. Information Diffusion Effects in Individual Investors' Common Stock Purchases Covet thy Neighbors' Investment Choices [J]. The Review of Financial Studies, 2007, 20 (4): 1327 – 1357.